CONTENTS

Success15 2

http://success.waseda-ac.net/

サクセス15
February 2021

表紙:早稲田実業学校高等部

もうすぐ本番

戦術あり!?

入試直前アドバイス

みなさん、調子はいかがですか。入試まで、あと1カ月を切っている人も多いと思います。

さあ、本番です。今回の入試では、新型コロナウイルス感染症予防のこともあって、みなさんの心の準備についても悩ましい現実があるのではないでしょうか。今号ではそのこともふまえて、この直前期に試してほしいことや入試当日の心の持ちようまでをアドバイスしたいと思います。

戦術あり!? もうすぐ本番 入試直前アドバイス

当日に向けての戦術

あと1カ月、学力はまだまだ伸びますので、焦らず、ペースを崩さず勉強を続けてください。

ここではインプットである「学力の伸び」はみなさん自身にお任せして、当日、実際に答案にアウトプットするための戦術についてお話しします。

解答へのペース配分

すでに過去問には取り組んできたと思いますが、これまで解答へのペース配分は考えたことがありますか。入試問題には出題者のストーリーがあります。しかし、みなさんそれぞれが、出題者のペースと同調しているとは限りません。

例えば英語では長文問題を先に解くのか、そのほかの問題を先に解くかで、どちらが早く終えられるか、それを試してください。これはあなたの習慣や個性とも関係することですから、良い悪いの問題ではありません。

自分なりのペース配分をつかんで、出題者のストーリーを自分のストーリーに書き換えてしまいましょう。

英語を例にあげましたが各科目ともに目を配って、どういう順番で問題を片づけていけばいいのかを、自分の性格に合わせて身につけておくことが重要です。

満点の必要はない

これは学校や進学塾などでもよく言われていることだと思いますが、入試は100点満点を取る競争ではありません。満点を取ろう、などと意気込んでいる人に限って1問目でつまずいてパニックになり、そのあとの問題でも力を出せなかったなどということが起こるのです。

いま、過去問集には各年度入試の合格最低点が明らかにされています。それを見るとおおむね60～65%正解できれば合格できるはずです。

ということは、少しぐらい解答できない問題があったとしてもパニックにおちいる必要はないということです。

ですから、「満点でなくとも合格できる」という暗示を、自分のなかにしっかり取り込んでおいてください。そうすれば入試当日「苦手な問題はあと回し」と考えながら、まず問題全体を落ち着いて吟味できるし、思わぬアクシデントがあっても「ケアレスミスも次の科目で乗り越えられるさ」と強気でいられるでしょう。

100%
0%
正答率
合格ライン
約60～65%
得意な問題から
解くのが
ポイントじゃ！
得意な問題
苦手な問題は
あと回し！
苦手な問題

合否は総合点で決まる

「合格最低点を知ろう」というお話をしました。仮に各科目とも合格ボーダーが60%だったとしましょう。もしも1科目で50%しか取れなかったとしても、そこで焦ってパニックにおちいる必要はありません。

　合格は全入試科目の総合点で決まります。1科目が10%不足だったとしてもほかの2科目で、例えば5%ずつ取り返せばいいのです。

　すべての科目で満点を取ろうとか、いい点を取ろうとか考えて当日に向かうから、もしものときにパニックになったりするのです。

　過去問の合格最低点を頭に入れて、各科目でそれぞれこれくらいの点数を取ればいいという目標点を自分なりに作っておきましょう。

苦手分野は得意科目で補おう！

当日に発揮したいメンタルの強さ

パニック打開のスイッチを作る

すでに述べていますが、当日、最も避けたいのが、パニック状態になることです。

　人間は初めての場面や重要な岐路に立たされたとき、どうしても緊張します。これは仕方のないことです。大切なことはパニックにならないような準備をしておくことと、パニックになりそうなときに、それを鎮めるスイッチを身につけておくことです。

　自分はなにをすればリラックスできるかを知っておくことがとても大切なのです。

　人間はだれでもパニックにおちいる要素を持っています。試験前、ほかの受験生がズラリと並んでいるのが見えただけで、「どうしよう！」と思ってしまう人もいるでしょう。

　そんなとき、トイレに行って鏡の前に立ち自分の顔を見てみましょう。緊張している自分に微笑みかけることでリラックスで

ストレス
パニック

自分をリラックスさせる方法を持っておこう！

戦術あり!? もうすぐ本番 入試直前アドバイス

きます。

このように、どうしたら緊張しないかを予行演習しておくことは、とても効果があります。例えば深呼吸をする、家族の笑顔を思い描く、友だちが言っていた冗談をメモしておいて思い出す、ペットの写真や親戚の赤ちゃんの写真を持っていくなど、自分のスイッチを作っておきましょう。

心が和やかになる写真を休み時間に見たり、笑ったりすると血流が増えることは脳科学の世界では知られたことで、これによって平常心を取り戻すことができるといわれています。

1問の解答ですべてが始まる

さて、パニックに最も有効なのは、なんといっても1問解けることです。

まずは解ける問題から…

そして自信のある解答を積み重ねることで、パニックはどんどんどこかにいってしまいます。

ですから、まずは全問をリラックスしてながめて、解ける問題から手をつけましょう。易しい問題を見つけて「1問解けた！」という思いは一気に気持ちを楽にしてくれます。

プロ野球のエースピッチャーでも最初のストライクを取るまでは落ち着かないものだ、といいます。それと同じですね。

逆に、ただ単純に最初にある問題から手をつけて手間取り、パニックにおちいってしまう例もあります。

まずは解ける問題を探すことが、メンタル面でも重要です。1問解ければ芋づる式に、次に易しいと感じる問題が見えてくるものなのです。

◇

次のページからは、森上教育研究所の森上展安所長に「入試直前期の心の持ちよう」についてお話しいただきます。

難しい問題
易しい問題からペースをつかむのじゃ！
易しい問題

入試直前期の「心の持ちよう」を考える

保護者が知っておくべき「入試が受験生に問うこと」

森上教育研究所 所長
森上展安

今回のこのページは、入試直前期に突入する受験生の心の持ちようについて、森上教育研究所の森上展安所長から原稿をいただきました。ただ、その前提としての「受験生は入試をどうとらえるべきか」に字数を割いたものとなりましたので、保護者のみなさんにもぜひお読みいただき、直前期の「声かけ」に役立てていただきたいと思います。

入試と受験生の関係は基点が学校、そして受験生の私

先日、朝日新聞の「折々のことば」という鷲田《わしだ》清一《きよかず》先生のコラムに「なるほど」と思った短い言葉があり、書きとめました。

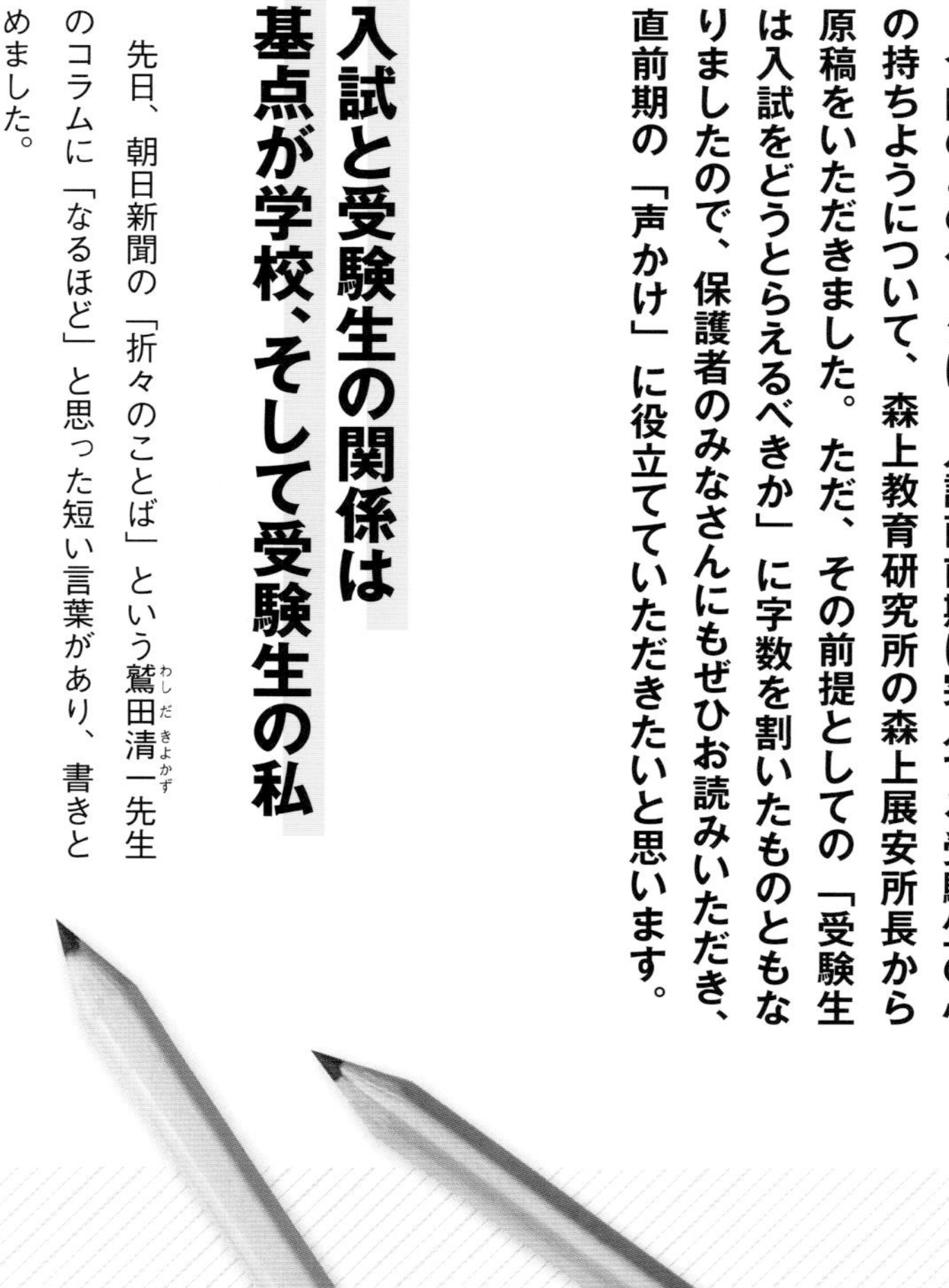

入試直前期の「心の持ちよう」を考える

そこでは「一人称がまずあって、第二人称がある」という考えは間違いだ。第二人称こそが基点だ、と言っています。以下に引用して紹介します。

「一人称、二人称、三人称というのは『私』を基点に定められているが、事実は逆で、二人称が先だとフランスの哲学者（引用者注：V・ジャンケレヴィッチ）は言う。他者を迎え入れたのちに、それに向きあい対抗する『私』も生まれる。だから他者の存在がまずは尊重されねばならない」（「折々のことば」鷲田清一　2020年11月12日朝日新聞朝刊、一部抜粋）

ちょっと難しいかもしれませんが、コラムが伝えたかったのは、相手である存在が、こちらをどのように見たり考えたりしているかがなんといっても大事なことで、それを考えて話したり行動したりするのが生活の基本だ、ということだと筆者はとらえました。

私たちの考えや見方は、つねに他人の見方・考え方に影響されるものですし、独自の考えといっても、それは本で読んだり人から聞いたりといったことが、もとになっているものです。

むしろその多くは先人や先哲の言葉や行動からすくいとったものを、自分のいまの関心やもっぱらの問題に引き寄せて考えていく方法をとります。

このように考えれば、いま、会話している相手、あるいは本などの執筆者がどのように見ているか、その主である第二人称こそが意識を集中すべき相手であり、それがいままさに生きている一瞬一瞬の意識の持ち方だと思います。

ところで、そのような「第二人称を主とする」意識の持ち方は、入試において最も問われていることだといえます。テストの向こうに相手（学校）の視線、視点があって、問題意識がある。それに対して私はどう答えるか、そこが問われているのです。

そのように考えれば高校入試は一度きりではあるものの、絶えず日常で問われていることを中学3年生の諸君に合わせて問いかけているだけで、そのありようはこれから社会に生きていくうえで繰り返し試練を受ける最も

入試直前期の「心の持ちよう」を考える

基本の意識の持ち方だと思います。

　実際の入試にはそこまでの切実な問いかけがあるわけではありません。しかし、コロナ禍で迎える今回の入試、例えば都立高校入試では集団討論が見送られた分だけ、個人面接の点数が前年に比べ2倍の重要度になります。ここで述べた視点からの受け答えが大切になってきますね（作文・小論文の配点を増やす学校もあります）。

コロナ禍で内申はどう出る？　肝心なのは自らの知力の発揮

　ところで今年の公立高校入試は、とくにそうですが内申の評価がよくみえません。

　というのもその評価すべき中間・期末のための授業がコロナ禍で行われなかった期間が相当あったからです。

　私立高校ではそのため業者テストの偏差値も参考にする、と明記する学校も出ていて、一方の公立高校はさすがにそれはできないので、内申が内実を伴わないまま数字だけが1人歩きする可能性さえあります。

　ということは例年以上に本番のテストで日ごろの学力を十全に発揮することが求められている、と考えてよいでしょう。

　保護者のみなさまにおかれては、とくに内申については今年の特殊事情を考慮して、よくよく本人の納得のいく評価が入試で用いられるよう担任との面談などを通じて十分準備して臨みたいところです。

　ただ言うべきは言うことにして、あとは入試の本番で、最大限に日ごろの実力を出せるように持っていくという心がけが大切ですね。

　前述したように、入試で評価されるためには、出題者（学校）の意図をよく読み取ることにつきます。それは相手に迎合したり、相手の言いなりになるということではなく、相手に向きあう態度が求められている、と言ってよいと思います。

　高校入試は、事実上、昔のいわば元服《げんぷく》で、大人になる儀式のような意味が現在もあります。いわばそのようなかまえが最も試されていることなので、点数を取ることを入試の課題そのものと、ついつい考えがちですが、本質的には相手に向きあう知力を絞ることなのです。細部にも注意して小さな動きにも細心の注意を払うことはその意味でゆるがせにできません。

　全身全霊で相手（入試）に向きあう、それがなによりの心がけだと思います。

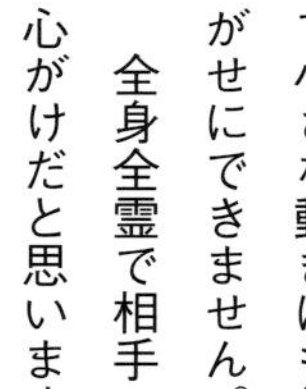

森上教育研究所

1988年、森上展安氏によって設立。受験と教育に関する調査、コンサルティング分野を開拓。私学向けの月刊誌のほか、森上を著者に教育関連図書を数多く刊行。

Special School Selection

伝統を継承しつつ 新しい価値を創造する

東京都 国分寺市 ● 共学校

早《わ》稲《せ》田《だ》実《じつ》業《ぎょう》学《がっ》校《こう》高等部

所在地：東京都国分寺市本町1-2-1
アクセス： JR中央線・西武国分寺線・西武多摩湖線「国分寺駅」徒歩７分
生徒数：男子830名、女子429名
TEL：042-300-2121
URL：https://www.wasedajg.ed.jp/

- ２学期制
- 週６日制
- 月・火・木・金６時限、水・土４時限
- 50分授業
- １学年 ９クラス
- １クラス45名

創立から100年以上の長い歴史を誇る早稲田実業学校高等部。早稲田大学との連携教育をはじめとした多彩なプログラムがあり、楽しみながら学べる環境です。伝統を受け継ぎつつも、新たな歴史を刻んでいます。

「実」を大切に 日々の教育を行う

早稲田実業学校高等部（以下、早稲田実業）は、1901年、大《おお》隈重信《くましげのぶ》によって早稲田実業中学校として創立されたのを始まりとします。1902年に現校名に改称し、1963年に早稲田大学の系属校となりました。

東京・新宿区から現在校舎がある国分寺市に移転したのは、創立100周年を迎えた2001年のことです。早稲田実業では、移転を「第二の建学」と位置づけ、このときから、「早実第二世紀」が始まったととらえています。さらに2002年には、男女共学の学校になりました。

村上《むらかみ》 公一《きみかず》 校長先生

早稲田実業がめざすのは、「豊かな個性と高い学力と苦難に打ち克つたくましい精神力を兼ね備えた人物」の育成です。

そのために、外面的、表面的な華やかさを求めるのではなく、内面を重視する「去華就実《きょかしゅうじつ》」を校《こう》是《ぜ》としています。

また、校訓は「三敬主義」です。「三敬主義」は、第2代校長・天野《あまの》為之《ためゆき》が定めたもので、「他者」、「自分自身」、そして「事物」の3つを敬い、いずれに対しても誠実さをもって接することを意味します。

そのうち事物には、自分に与えられた役割なども含まれており、様々なことに真摯《しんし》に取り組む姿勢を持つという思いが込められています。

「校名や校是にある『実《じつ》』、これには真『実』や『実』質、『実』社会など、多くの意味があります。色々な『実』に結びつく教育を展開することで、学力に加え、豊かな人間性を備えた人材を育成しています。

『三敬主義』は、少し古い考え方に感じるかもしれません。しかし、多様なバックグラウンドを持った人々と協働するいまの社会だからこそ、改めて意識すべき大事な精神です。生徒には、学校という狭い範囲だけで活動するのではなく、学外にも目を向けてほしいです。その際にも『三敬主義』を忘れないようにと伝えています」（村上公一校長先生）

多様な個性が集まるなかで 将来につながる力を養う

早稲田実業には中等部から進学してくる中入生がおり、なかには、初等部からの生徒もいます。高1から中入生と高入生の混合クラスが編成されるので、多種多様な個性が集まる環境です。

「2020年度は、新型コロナウイルス感染症の流行により中止しましたが、例年4月に、長野県にある駒ヶ根校舎で2泊3日のオリエンテーションを行っています。広いグラウンドもありクラスの仲を深める様々な活動をします。高入生に聞くと、オリエンテーションで中入生と打ち解けられたと答える生徒が多いです。

また、中等部から持ち上がりの教員もいるので、中入生が高入生に、その教員が作るテストの傾向、対策を教えて仲良くなることもあるようですね（笑）」（村上校長先生）

早稲田実業では、高1は共通履修、高2から文系、理系に分かれ

PC教室

プール

生徒食堂・生徒ラウンジ

柔道部

ラグビー部

音楽部

山岳部

部活動

文武両道をめざす早稲田実業には、45を超える部・同好会があります。

ます。文系でも数学Ⅲが必修とされているなど、進路にかかわらず幅広く学ぶカリキュラムが組まれています。授業は教員と生徒、そして生徒同士の対話、発表を多く取り入れ、基礎基本をしっかりと身につけながら、応用力を養える内容となっています。

そして系属校として、早稲田大学に推薦入学できる制度があるため、大学入学後の学びにつながる授業が設置されているのも魅力です。

ここでは特色ある選択授業と特別授業を紹介しましょう。どちらも高3で実施されます。

選択授業には「経済と法」「数学特論」「物理実験」といった授業があります。なかでも人気なのが「初級会計学」です。会計学の基礎を学ぶことで、その後本格的に簿記検定試験の勉強に取り組み、大学生のうちに公認会計士の資格を取得する生徒さえいるそうです。

特別授業は、進学予定の早稲田大学各学部に対応した内容です。早稲田実業の教員に加え、大学の教授が担当するものもあり、「マクロ経済学入門」「脳神経科学入門」「天文学」など、多彩な授業が用意されています。

施設

広々とした人工芝のグラウンドをはじめ、プールやゴルフ練習場など、様々な施設がそろう充実した教育環境です。

グラウンド

図書館

ゴルフ練習場

長野県にある駒ヶ根校舎にはグラウンドも併設。例年、新入生を対象としたオリエンテーションが実施されています。

さらに、学部生とともに大学で講義を受け、早稲田実業在学中に、大学の単位を取得することも可能です。

教室を飛び出して学ぶプログラム

普段の授業に加え、校外教室や国際交流プログラムなど、教室を飛び出した学びが充実しているのも特徴です。

校外教室（高2）は、生徒が日常生活を送っている地域とは異なる場所を訪れ、現地の文化や産業などについて理解を深めることを目的に、民泊やフィールドワークを行っています。行き先は毎年異なり、2019年度は沖縄を訪問しました。こうした取り組みを通じて、生徒は社会性や協調性などを身につけていくのです。

希望者を対象とした国際交流プログラムは、興味や目的に応じて、イギリスやアメリカ、スイス、中国などから訪問先を選ぶことができます。公認留学制度もあります。1年間留学した場合でも、現地での学習成果が認められれば、早稲田実業を3年間で卒業し、早稲田大学に推薦入学できます。

進路指導においては、大学の教員による学部説明会や卒業生から話を聞く「ようこそ先輩」、実際に大学を訪れるオープンキャンパスなどのプログラムが実施されています。

村上校長先生は「自分と向きあい、どんなことに興味があるのか、将来どんな仕事に就きたいのかをじっくり考えてから、進学する学部を決めることが大切です。現在も特別授業や模擬講義など、大学の学びに触れる機会を用意していますが、これからさらに各学部との連携を強めていきます」と話されます。

早稲田実業では、進路指導プログラムに限らず、カリキュラムなどについても改革を進める予定で、今後の教育にさらなる期待が寄せられます。

1 3 / 2 4 5 / 6

1　文化祭　2　体育祭　3～5　国際交流　6　校外教室

ワクワクしながら学校生活を送ってほしい

さて、ここまで早稲田実業の多彩な教育プログラムをみてきましたが、その魅力は勉強の面だけにはとどまりません。文武両道をめざし、部活動や行事にも積極的に取り組める学校です。

部活動は、全国レベルで活躍する野球部をはじめとした体育系、考古学部や商業経済部といった珍しい部もある文化系、どちらも活発に活動しています。

今年度は残念ながら多くの行事が中止になっていますが、生徒の強い思いもあり、文化祭と体育祭は開催されました。

文化祭は各クラスが映像作品を作り、動画を配信。体育祭は、学年ごとに実施するなど、コロナ禍であっても可能な方法を考えて行われました。

「どちらも例年とは異なる形でしたから、初めは残念に思った生徒もいたようです。しかし、新しいことに挑戦できる機会だと思って楽しもうと伝えました。すると、文化祭では、その場では声を出さずに口だけを動かして撮影し、あとから音声を入れて作品を作るなど、感染対策をしつつ、工夫しながら取り組んでくれました」（村上校長先生）

どのような社会情勢であっても、前向きに物事に取り組む早稲田実業生。校是「去華就実」、校訓「三敬主義」のもと、3年間で大きく成長していきます。

「生徒や受験生に一番に伝えたいことは、ワクワクしながら学校生活を送ってほしいということです。日々の勉強に、課外活動に、そして様々なプログラムにワクワクした気持ちで取り組んでもらえたらと思います。そうすれば、新しい自分を見つけられるはずです。

早稲田実業、そして早稲田大学には、長い歴史のなかで積み重ねてきた伝統があります。伝統を築くうえで大切なのは、ずっと同じものを守り続けることではなく、その名にふさわしい価値を創造し続けることだと、私は考えています。伝統を継承しつつも、新たな価値を作り出すことにともに取り組もうという意欲を持つ生徒さんを待っています。いっしょに、これからの早稲田実業を作っていきましょう」（村上校長先生）

学校生活

多彩な教育プログラムが魅力の早稲田実業。生徒はワクワクする気持ちを大切に、色々なことに取り組んでいます。

写真提供：早稲田実業学校高等部　※写真は2019年度のものも含みます。2020年度は中止・変更したプログラムもあります。

■2020年3月卒業生 早稲田大学進学状況

学部	進学者数
政治経済学部	65
法学部	33
文化構想学部	30
文学部	13
教育学部	48
商学部	55
基幹理工学部	21
創造理工学部	22
先進理工学部	21
社会科学部	50
人間科学部	6
スポーツ科学部	6
国際教養学部	15

なにができる？　どこまでできる？
ロボット技術の現在と未来

日々進化する科学技術。今号では、そのなかでもロボット技術を中心に紹介します。みなさんもロボットを様々な場面で目にしたことがあるのではないでしょうか。今後ますます進化していくと考えられるロボット技術の現在と未来についてみていきます。

画像提供：千葉工業大学　未来ロボット技術研究センター（ｆｕＲｏ）

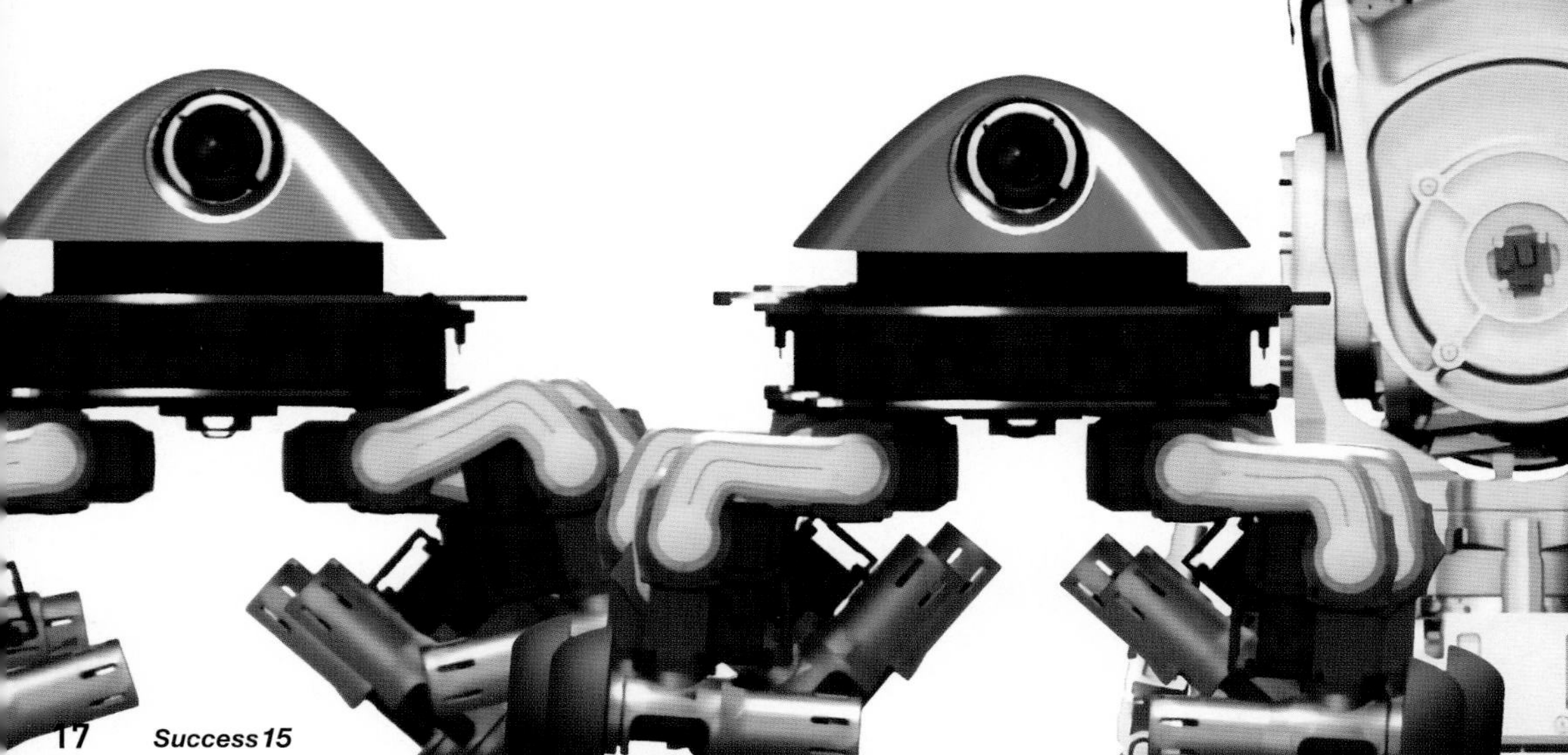

ロボット技術とは?

東京スカイツリータウンのなかに、大学のキャンパスが入っていることをみなさんは知っていますか？　千葉工業大学（以下、千葉工大）が持つこのキャンパスには、ロボット技術や宇宙に関する研究成果が、だれでも自由に閲覧できる形で展示されています。

今回は2つあるエリアのうち、エリアI「ロボット技術・人工知能ゾーン」について、千葉工大の未来ロボット技術研究センター（fuRo）・先川原正浩室長からお話を伺いました。

「キャンパスを公開して、見たり触ったりできる展示を行うことで、より多くの人に工学に興味を持ってもらおう、というのが大きな目的です。東京スカイツリーに遊びにきたお子さんや修学旅行生などに工学の魅力を伝えて、5年後、10年後に工学部を志望する人が増えればいいなと思っています」（先川原室長）

ロボットとはなにか？　変わりゆく役割

ひと口にロボットといっても、その形は様々です。まずは、なにをもって「ロボット」と呼ぶのか、その定義についてお聞きしました。

「基本的には3つの要素があればロボットといえると思います。1つ目はコンピューターで、人間でいう脳にあたります。2つ目は温度や速度など色々なことを測るセンサーで、これは皮膚や目といった感覚器官と似ていますね。3つ目がモーターで、人間の筋肉にあたるものです。

センサーで周りの情報を取り入れ、コンピューターで考えて指令を出す、そしてモーターで動かす、という流れです」（先川原室長）

ロボットというと手足のついた人型のものを想像する人が多いと思いますが、私たちの身近なところでも、様々な形でその技術は応用されています。例えば車の自動運転も、センサーで人を認識し、コンピューターが指令を出してブレーキをかけたりハンドルを切ったりするため、ロボット技術が活かされています。

とくに人口の減少が懸念される現代の日本においては、人手不足を解消するためにロボットの活用が不可欠といわれています。「新しさや見た目のおもしろさだけでなく、『役に立つ』ことがロボットに求められる時代です」と先川原室長が話されるように、私たちの暮らしを支え、より身近な存在になりつつあるのがロボット技術なのです。

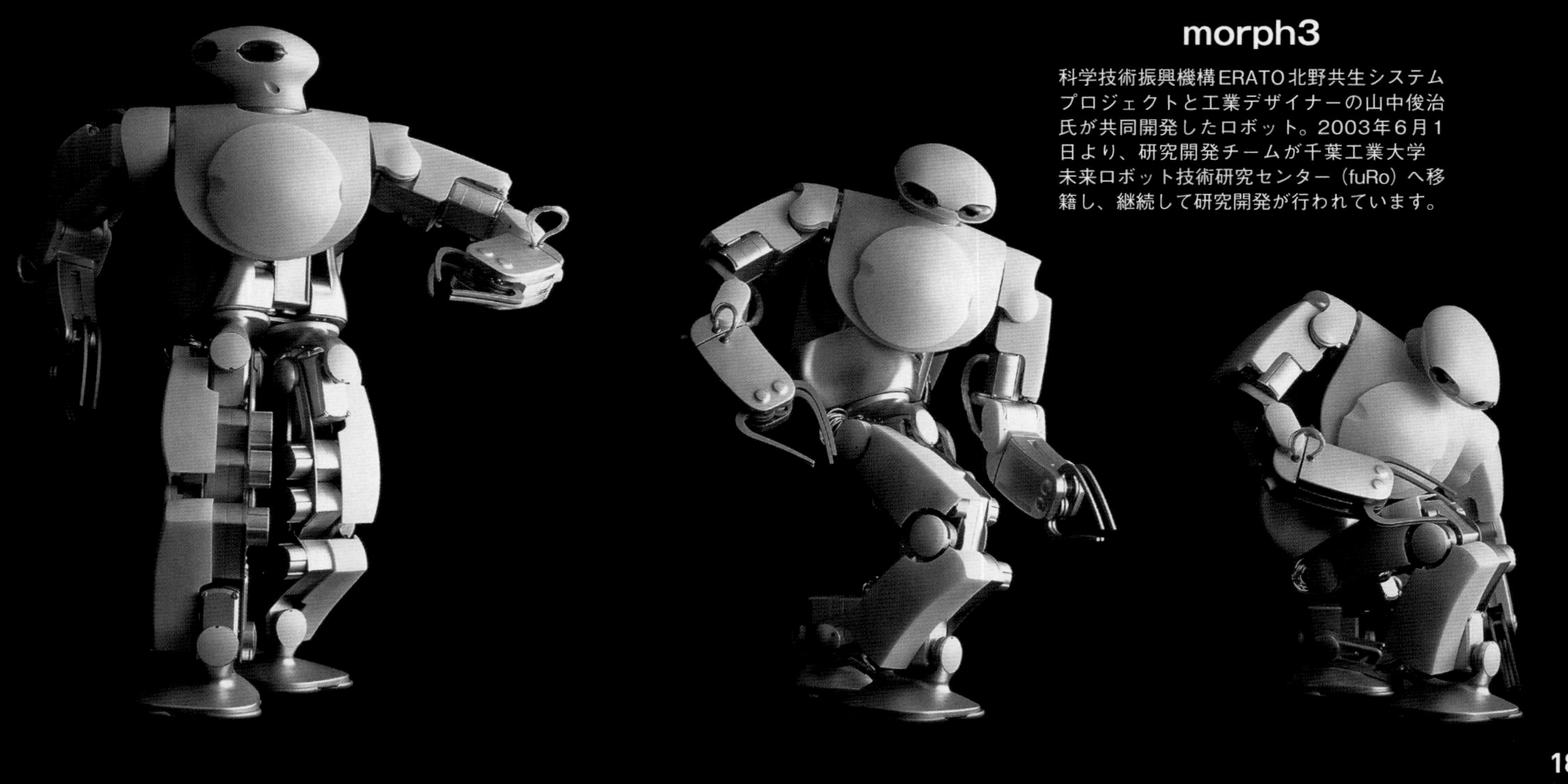

morph3

科学技術振興機構ERATO北野共生システムプロジェクトと工業デザイナーの山中俊治氏が共同開発したロボット。2003年6月1日より、研究開発チームが千葉工業大学未来ロボット技術研究センター（fuRo）へ移籍し、継続して研究開発が行われています。

これからのロボット

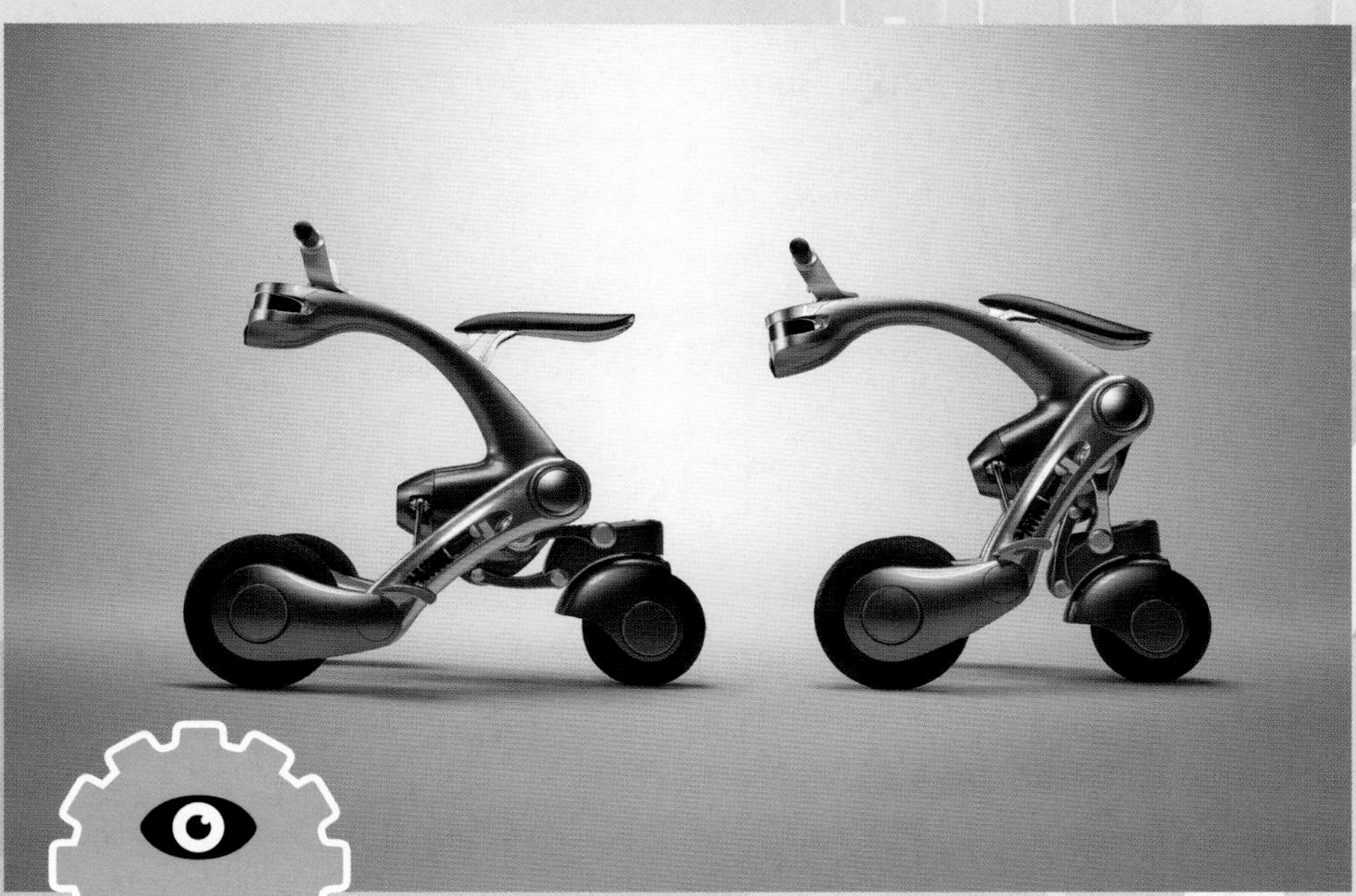

今後、ロボット技術が私たちの身近でも、より活用されるようになると、そのデザイン性も重要になってきます。みなさんはものを買うとき、同じ値段で同じ性能なら、よりデザイン性の高いものを選ぶのではないでしょうか？　ロボットも同じく、人々に「使いたい」と思われるデザインであることが求められているのです。

写真【上】の「CanguRo（カングーロ）」は、千葉工大が制作した未来の機械生命体です。乗って移動できるだけでなく、ユーザーに追従して買い物をサポートしたり、離れたところから呼び出すと自動操縦で迎えに来てくれたりします。かつて人の移動手段だった馬をイメージしてデザインされたそうですが、近未来的で美しい見た目にも、「乗ってみたい」と思わせる魅力が感じられます。

コロナ禍でも大活躍

2020年、ロボットの需要は意外なところでも生まれていました。新型コロナウイルス感染症の流行で人と人との接触を避けるよう推奨されるなか、ロボットで代用できることはないかと考えられたのです。例えば、レストランでは料理の配膳をするウエイトレスの役割を担ったり、病院では人間にとって危険な作業である紫外線を使った強力な殺菌を行ったりと、重宝されています。

ロボットの活躍は、こうしてますます広がっています。

ロボット技術を体感

ここからは、千葉工大東京スカイツリータウンキャンパス
に展示されているロボットやAIなどの技術を紹介します。

災害対応ロボット

その名の通り、災害時に活躍するロボットです。東日本大震災の際は福島第一原子力発電所を調査しました。衝撃や放射線に強く、幅のあるタイヤでガレキの上も倒れることなく走行します。前後どちらにも進むことができ、その場で旋回も可能。だれでも扱いやすいように、コントローラーは市販のゲーム機のものが採用されています。360°見渡せるカメラの映像【下】を見ながら操縦します。

超巨大ロボティックスクリーン

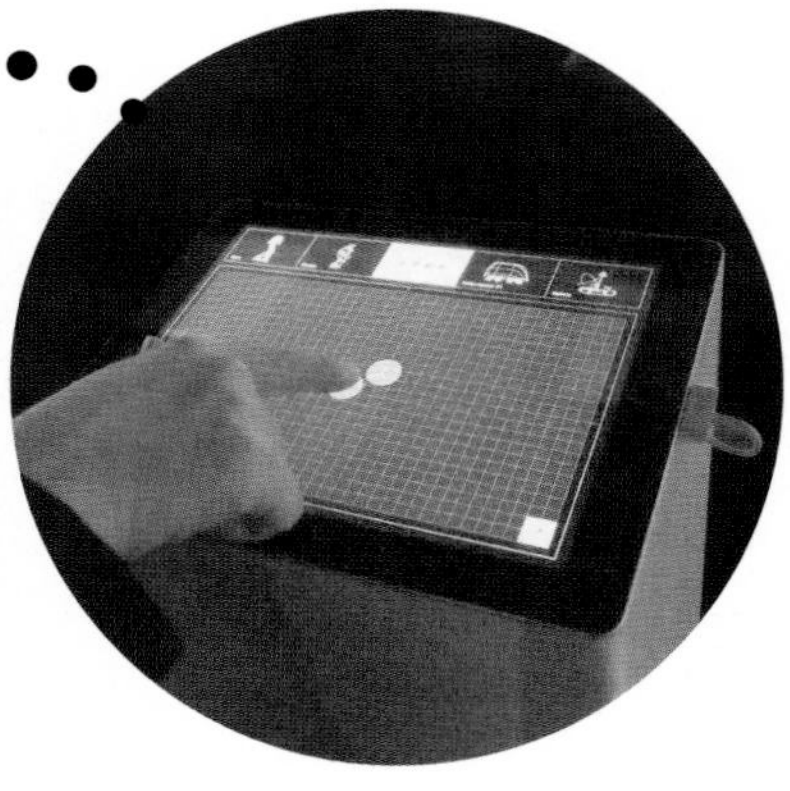

壁一面に設置された大きなスクリーンに映されるのは、ロボットの設計図です。拡大したり、回転させて角度を変えたりと、来場者自身がタッチパネルを操作して自由に見ることができます。設計図は、一般の人にとって目にする機会のない貴重なものですが、それが５種類公開されています。どれも展示されているロボットのものなので、完成品と見比べてみてはいかがでしょう。

ON THE FLY PAPER《魔法のカード》

ロボットの絵が描かれ、穴がいくつか開けられたカード。台に置くと、描かれたロボットが動き始めます。さらに、台にもそのロボットが大きく投影され、紙の穴を指で塞ぐと、映し出される画像が次々に変化。穴が塞がれたことを天井にあるセンサーを備えたプロジェクター**【円内】**が認識したことで、なんの変哲もない紙がタッチパネル代わりになったのです。まるで魔法のようですね。

↓

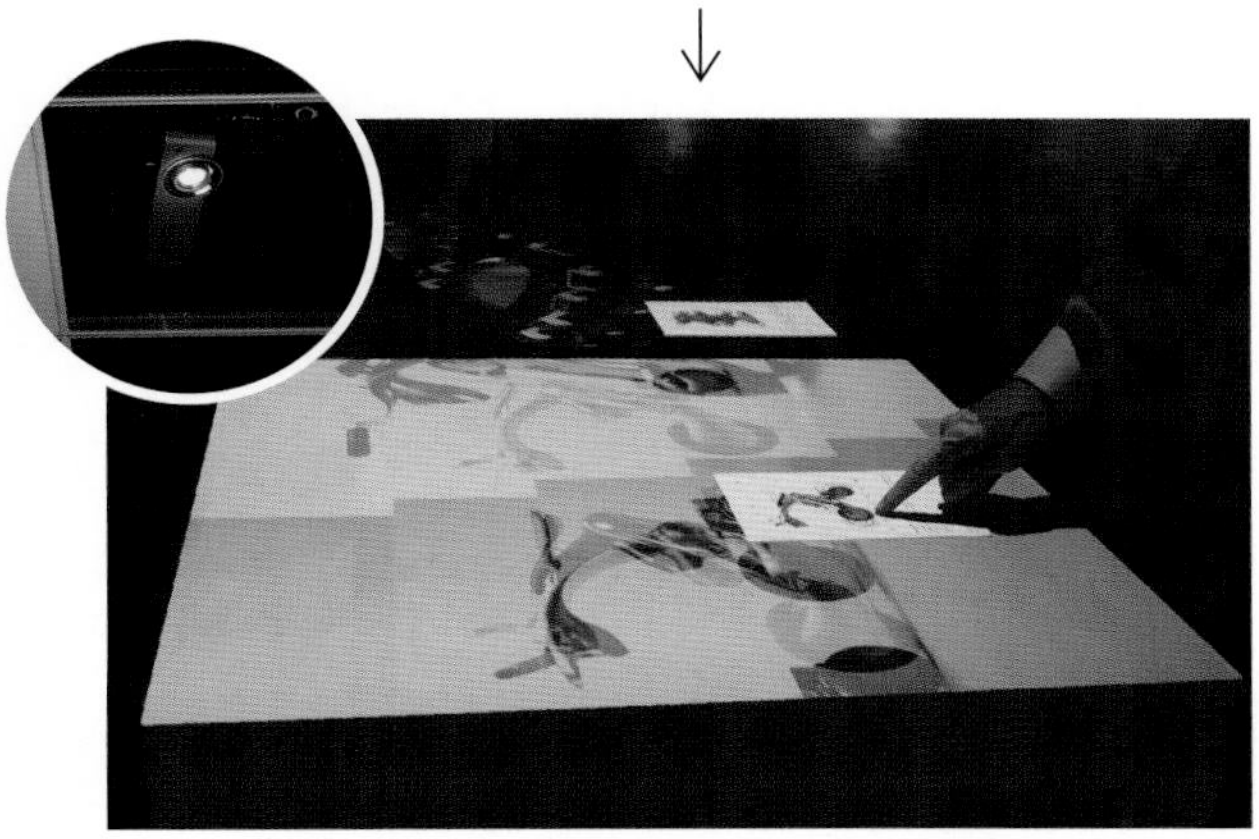

↑

Hallucigenia《ハルキゲニア》 01

この車型のロボットは横に進んだり、ナナメに走ったりと、不思議な動きをします。その秘密は自在に向きを変えられる8つの車輪。それぞれの車輪は地面から浮かすことができ、じつは4輪でも走ることが可能です。走行している間に、残りの4つの車輪の向きを変えておき、停車中に使用する車輪を入れ替えれば、車体の向きを変えることなく進行方向を変更できるのです。

→

core《コア》

全長1.9mの「core」は、下半身のみの不思議な形ですが、じつは上部に人や荷物を載せられるように作られています。耐荷重量は世界最大級の約100kg。「core」自体も約230kgあるので、人間でいう足に大きな負担がかかります。しかし、特許を取った衝撃吸収機構が搭載されており、歩行に加え、階段の上り下りもできます。小型化し、車椅子の代わりにならないかと検討されています。

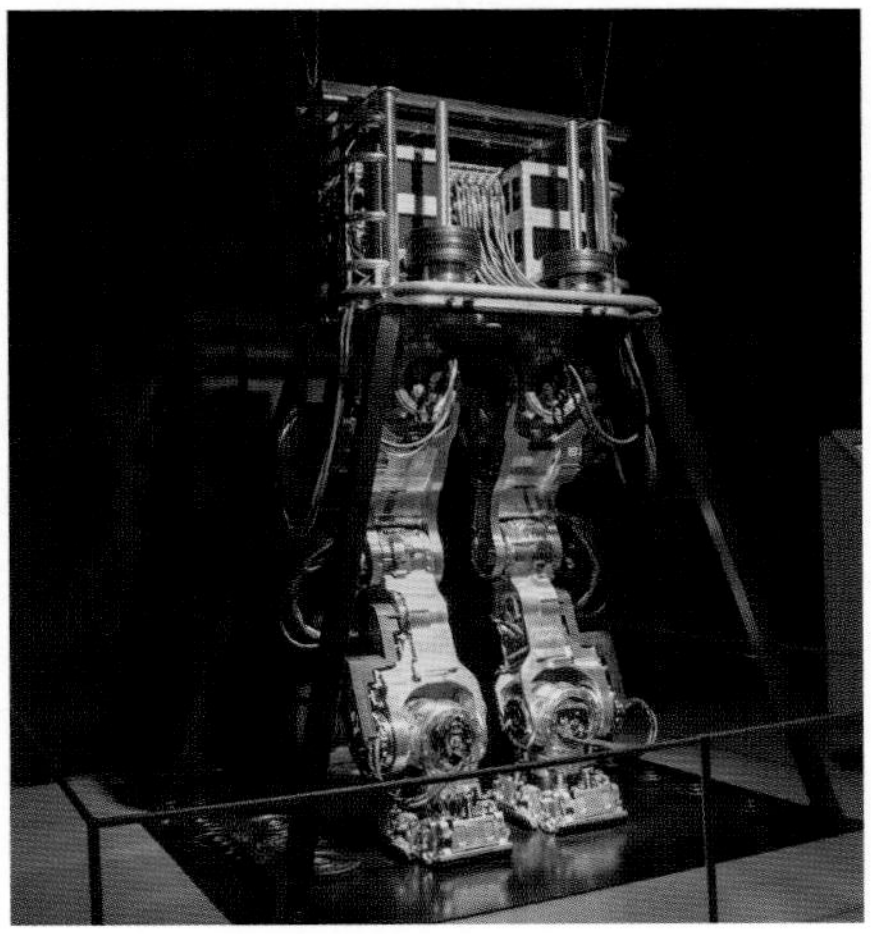

morph《モルフ》

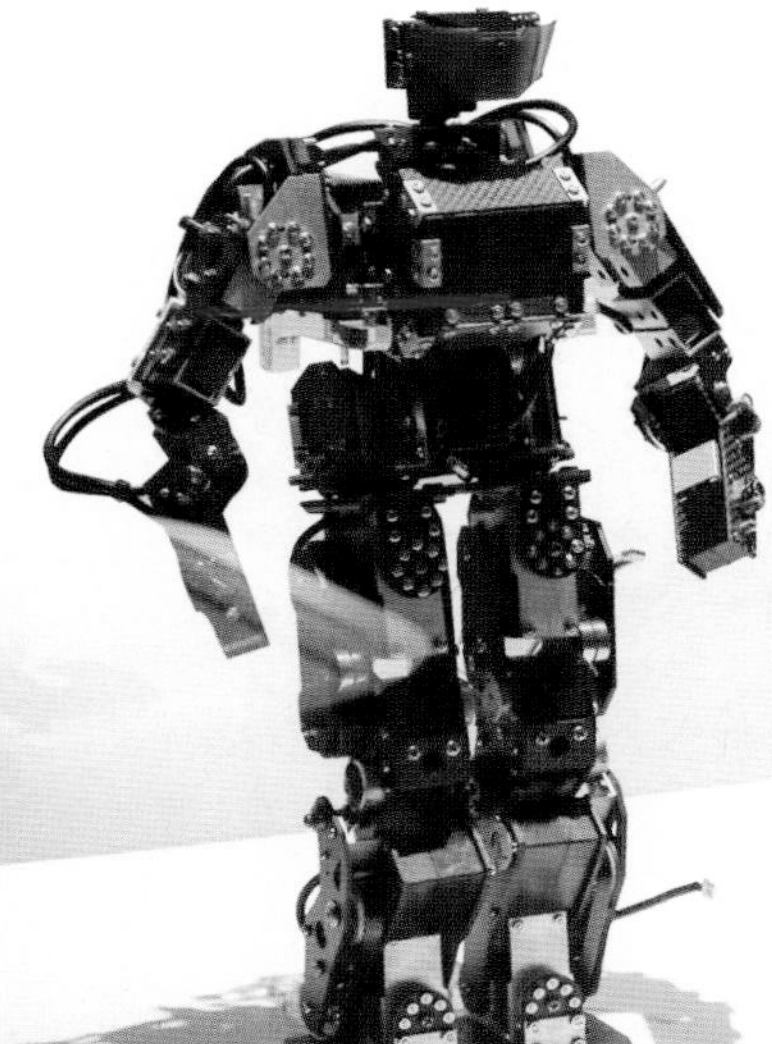

歩くだけでなく、座って開脚をしたり逆立ちをしたりと、まるで人間のように動く「morph」。肘や膝にあたる関節があることで、そうした動きが可能になっています。開発当初は**【左端】【中央】**のように、各部位を結ぶ配線がむき出しで全体的に角ばっていましたが、その後、デザイナーとコラボし、配線を隠し、丸みを帯びたバージョン**【右端】**も作り出されています。

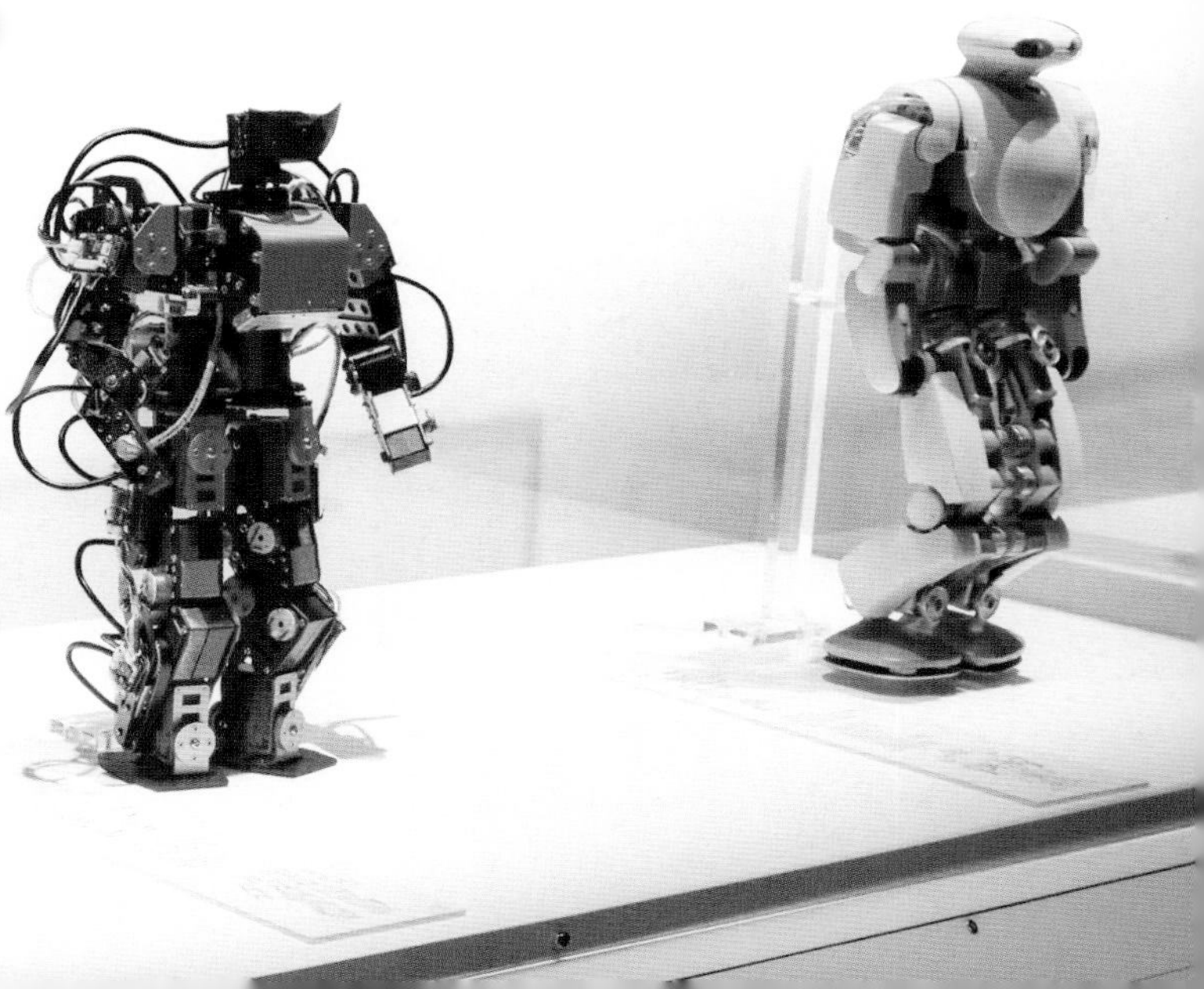

Halluc《ハルク》Ⅱ

「ハルクⅡ」はビークル（車両）モード、インセクト（昆虫）モード、アニマル（動物）モードに変形するロボットです。ビークルモードですいすいと走る、インセクトモードでクモのようにがに股で歩く、アニマルモードで高い段差も越えていく、といったようにとても多彩な動きをします。56個ものモーターを組み込み制御することで、細かい動きができるようになっているのです。

↓

↑ ハナノナ

AIが搭載された「ハナノナ」には、35万種類の花のデータが入っています。中央に花をかざすと、どの種類のものかを分析し、確率が高いものを提示。写真や絵などでも識別可能です。「ハナノナ」はスマートフォンのアプリにもなっていて、無料でダウンロードすることができます。通学や散歩の途中に見つけた花にスマートフォンをかざせば、歩く楽しみが増えますよ。

CYBER WHEEL X

レース用の車椅子をモチーフにした「CYBER WHEEL X」。専用のゴーグルをつけると、目の前に2100年の東京をイメージした街並みが広がります。VRの技術を取り入れており、車輪を速く回せばスピードが上がり、上り坂では回すのに大きな力がいる、といったように実際に街を走っているかのような感覚を味わえます（現在は新型コロナウイルス感染症の影響により体験は中止）。

↓

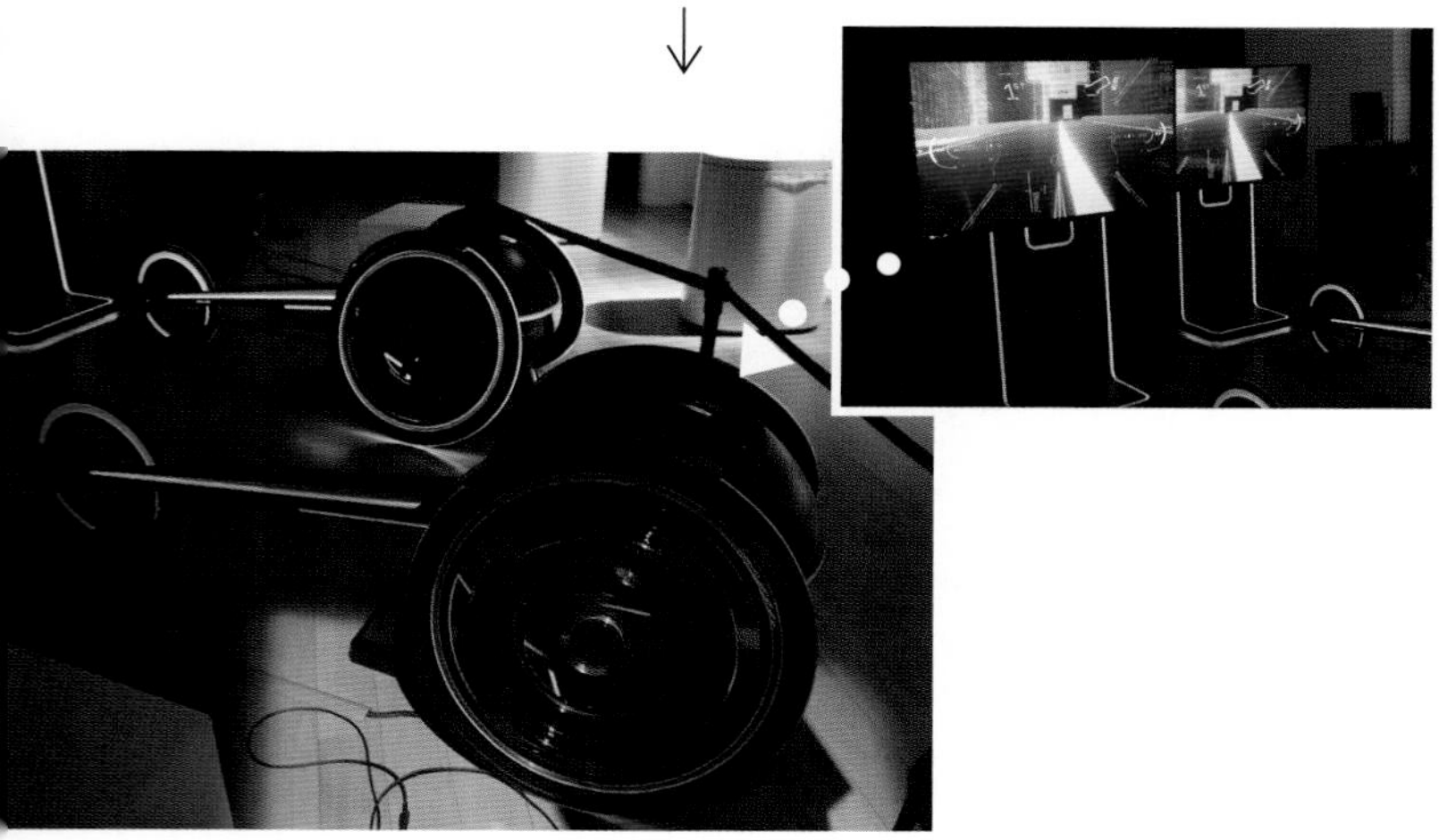

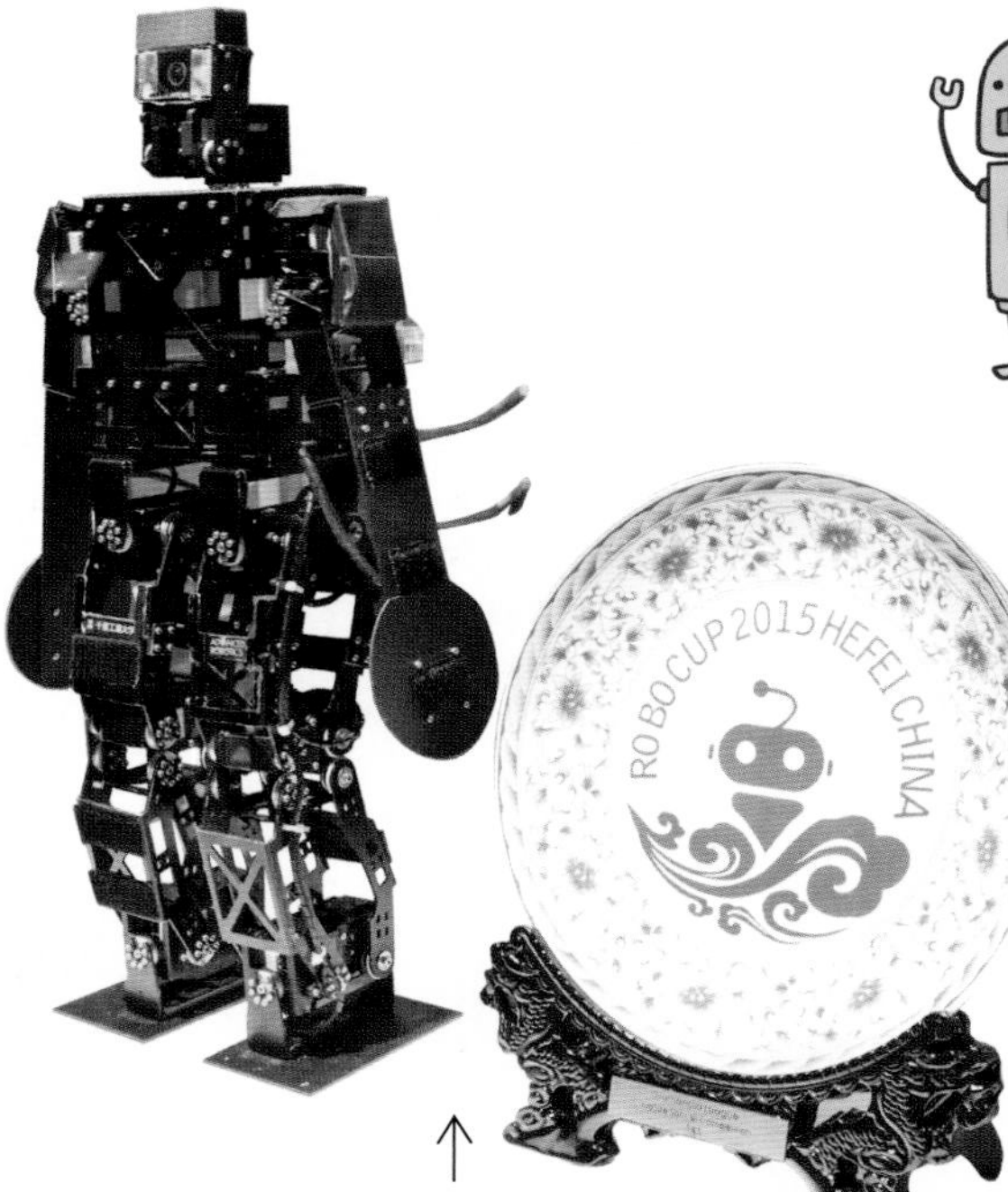

↑

RoboCup《ロボカップ》

みなさんが体育などで行うサッカーをプレーするロボット。人が操作するのではなく、ロボット自身がセンサーでボールの位置を判断し、ドリブル、シュートするというから驚きです。**【右】**の記念皿からもわかるように、千葉工大のロボットは世界大会で優秀な成績を収めています。今後AIにより、ボールの動きを予測し移動するなど、さらに複雑な試合を展開するものと期待されます。

宇宙エリア

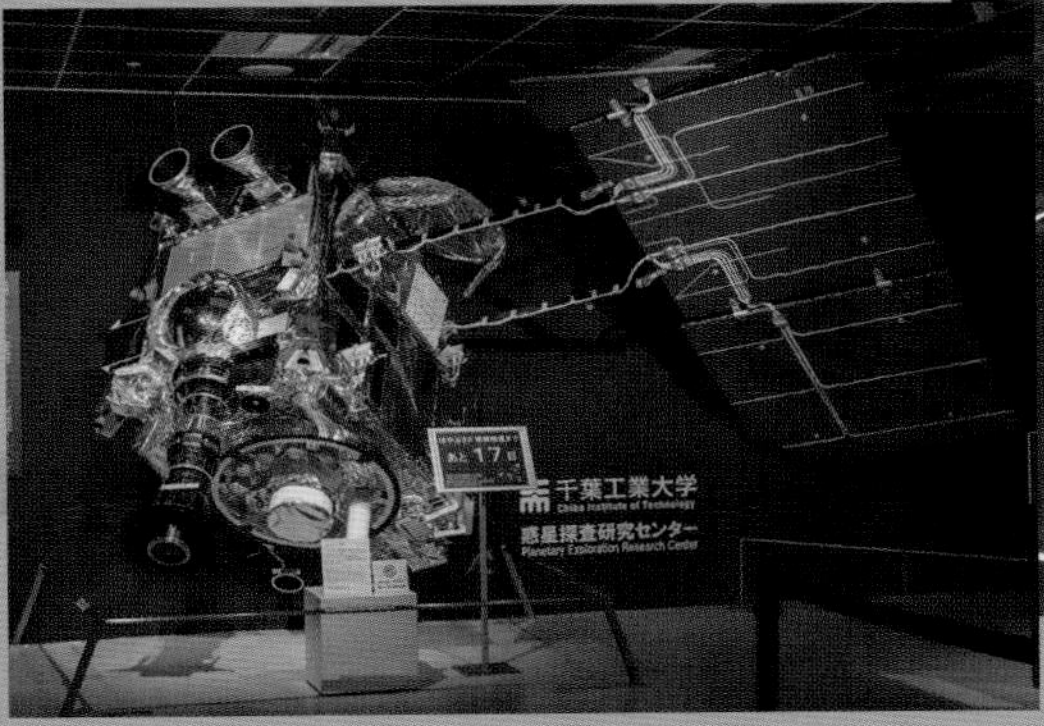

18ページでお伝えしたように、東京スカイツリータウンキャンパスは２つのエリアに分かれており、エリアⅡには宇宙にかかわるものが展示されています。先日カプセルが地球に到着し、大きなニュースになった「はやぶさ２」の実物大模型や隕石から作られた日本刀などがあり、さらには「宇宙138億年の旅地球そして生命」を上映するシアターも併設（現在3D上映を中止し、2D上映のみ実施）。太陽系の動きを見ることができる「太陽系グランドツアー」**【右上】**では、その日だけでなく、過去の惑星の位置を再現することもできます。来場者が自分の生まれた日の太陽系をバックに、写真を撮るのが人気だそう。

展示のポイント

実際に動いているところを見られる「災害対応ロボット」や来場者がパネルで操作できる「超巨大ロボティックスクリーン」など、体感型の展示が魅力の千葉工大東京スカイツリータウンキャンパス。そこには、「実際にその技術を目にして、体感できるような展示にすることで、来場者に感動を与えられるのではないか」という千葉工大の思いがあります。動かすことができないロボットについても、映像を流すなど、来場者に楽しんでもらうための工夫が随所に見られます。

千葉工業大学東京スカイツリータウンキャンパス

所在地：東京都墨田区押上1-1-2
（東京スカイツリータウン ソラマチ８階）

アクセス：東武スカイツリーライン「とうきょうスカイツリー駅」・東武スカイツリーラインほか「押上駅」直結

ＵＲＬ：http://www.it-chiba.ac.jp/skytree/

ホームページで、展示ロボットの動画を公開中。
ぜひ見てみてください。

おわりに

ここまで、様々な技術を見てきました。ロボット作りに興味を持った方もいるのではないでしょうか。もしかしたら、未来のロボットを作るのは、みなさんのなかのだれかかもしれません。

「現代は、インターネットで色々なことを調べられる時代ですが、そんななかでも、本物を見て実際に触れて体験するということを大切にしてください。コロナ禍のため、本キャンパスでも、一部体験を中止しているものがありますが、情勢が落ち着けば再開するので、楽しみにしていてください」（先川原室長）

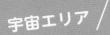

私立高校 WATCHING

（東京）（豊島区）（男子校）

巣鴨《すがも》高等学校

独自の「硬教育」によって世界で活躍できる人材へ

巣鴨高等学校は創立以来、「硬教育」を行っています。勉強だけでなく、行事などにも主体的に臨む生徒が集まる学校です。

堀内《ほりうち》 不二夫《ふじお》 校長先生

所在地：東京都豊島区上池袋1-21-1　アクセス：都電荒川線「巣鴨新田駅」徒歩８分、東武東上線「北池袋駅」・JR山手線「大塚駅」徒歩10分ほか
生徒数：男子のみ738名　TEL：03-3918-5311　URL：https://www.sugamo.ed.jp/

⇒３学期制　⇒週６日制　⇒月・水・金６時限、火・木７時限、土４時限
⇒50分授業　⇒１学年６クラス　⇒１クラス約40名

創立者の思いを受け継いだ教育

巣鴨高等学校（以下、巣鴨）は、２０２０年度、創立から１１０年を迎えました。

日々の指導で意識されているのは、創立者・遠藤隆吉が掲げた「硬教育」です。「硬教育」によって、「時代がどう変わろうともたくましく活躍する『真のエリート』」の育成をめざしています。

「重要なのは、生徒が主体的に学ぶこと、そして努力することです。『教育』は『教え育む』という指導者からの視点を持った言葉ですが、そこに『主体的に学ぶ』という学習者からの視点を入れたものを、『硬教育』としています。達成するのは難しいけれども、一生懸命に頑張ればかなえられる、そんな目標を立てて努力することが成長につながります」（堀内不二夫校長先生）

生徒の頑張りを温かく見守る巣鴨。３年間１日も休まず登校した生徒や、大会などで優秀な成績を収めた生徒などに「努力の証」として賞状やメダルを授与する制度も設けています。

2015年に完成した校舎には、カフェテリアや茶室もあります。2016年には、人工芝グラウンドやテニスコートなども新設されました。

中入生と高入生が切磋琢磨できる環境

巣鴨には、高校受験を経て入学する高入生に加え、附属の中学校から進学してくる中入生がいます。すでに友人同士の輪ができていることに、不安を感じる方もいるかもしれません。

しかし、「どの生徒が高入生で、どの生徒が中入生なのか、区別がつかないほどに仲良くしています。学級長や生徒会の役員として活躍する高入生もいますし、切磋琢磨しているのを感じます」と堀内校長先生が話されるように、安心して入学できる環境です。

なお、中入生は高校の学習内容を先取りしているため、高１では中入生とは別々のクラスが編成されます。高入生には、週２回の７時限授業や勉強合宿が実施されるなど、学習面のサポート体制も万全です。

授業は同じ内容を繰り返し学び、学習内容を確実に身につけられる独自の「らせん階段状方式」が取り入れられています。少しずつ目標を達成し成長していくための仕掛けがあります。

高２からは中入生との合同クラスが編成されるとともに、文数系・理数系に分かれて学んでいきます。

「どのような進路に進むとしても論理的に考える力は必要です。そのため、論理的思考力を養う数学をおろそかにしてほしくないと考え、文系・理系ではなく文数系・理数系としています」（堀内校長先生）

海外の文化に触れ視野を広げてほしい

多彩な国際教育プログラムがあるのも巣鴨の魅力の１つです。なお、すべて希望者が対象です。

高１、高２が参加する「イートン校サマースクール」は、イギリスで５８０年の歴史を誇る同校のハウス（寮）に宿泊します。英語、そしてイギリスの文化や歴史について学んでいきます。

「ターム留学」は、カナダ、オーストラリア、イギリスの３つから行き先を選択でき、高１の３学期を現地の学校で過ごします。

オーストラリアの学校に通う「ロックハンプトン　ウィンタースクール（中３～高２対象）」は、現地の生徒といっしょにプログラミングを中心とした授業を受け、マリンスポーツにも挑戦します。

「国際教育プログラムの第一の目的は、他国の文化に触れ、視野を広げることです。生徒には活躍するフィールドを日本に限るのではなく、世界に目を向けるようにと伝えています」（堀内校長先生）

巣鴨生はこれらのプログラムに積極的に参加しています。また、なかには、個人的に長期留学に挑戦する生徒もいます。

5年前に、イギリスのChrist College Breconに留学した生徒は、予定していた留学期間が終わったあとも、勉強を続けたいと期間を延長。その後オックスフォード大学に進学しました。この生徒の頑張りにより、巣鴨が推薦する生徒であれば、Christ College Breconに長期留学できる制度ができました。

さらに新たなプログラムも始動しています。その1つが、世界のトップ校が加入するWLSA（World Leading Schools Association）への日本初加盟を果たし、その一員として、各国の生徒と英語でディスカッションなどを行うものです。２０２０年度は新型コロナウイルス感染症の影響により生徒の世界大会は中止になってしまいましたが、インターネットを使ったプログラムが始まっており、今後国際教育がさらに充実していきます。

勉強以外の課題にも積極的に取り組む

「硬教育」によって生徒を成長させる巣鴨は、「文武両道」をモットーとしています。

「本校は、剣道もしくは柔道が3年間必修で、運動系の行事も多く、そのため、運動が苦手な方は、受験をためらうこともあるようです。しかし、『文武両道』とは『勉強も運動もできなければいけない』ということではありません。だれかと競って勝つという結果を求めているのではなく、勉強以外の課題にも一生懸命に取り組む、そうした姿勢を重視しています」と堀内校長先生は話されます。

イートン校 サマースクール

ハウス（寮）に泊まり、実際のイートン生に近い生活を送れるプログラムです。ときには学校を飛び出して、博物館を訪れたり、ミュージカルを観たりすることも。

運動系の行事は、球技大会、武道大会、マラソン大会など、数多くあります。ここでは、そのなかから大菩薩《ぼさつ》峠越え強歩大会と、早朝寒稽古を紹介しましょう。

強歩大会はその名が表す通り、大菩薩峠（山梨県）を歩いて越えていく行事です。懐中電灯を持ち、深夜にスタート。夜を徹して歩き、ゴールするころには日が高くなっ

1. 早朝寒稽古　2.球技大会　3.大菩薩峠越え強歩大会

写真提供：巣鴨高等学校　※写真は2019年度のものも含みます。2020年度は中止・変更したプログラムもあります。

ています。全学年が参加し、距離は高1は27km、高2は34km、高3は35kmです。

寒稽古は、冬の寒い時期、始業前の6時20分から始まります。剣道・柔道のいずれかを選び、6日間稽古を行うものです。最終日には全員で豚汁を食べるという楽しい時間も用意されています。自由参加にもかかわらず、高3を含め、例年約8割が参加するそうです。

「どちらも、一見大変なだけの行事に感じられますが、そうではありません。強歩大会について、ある生徒は作文に『全員が持つ懐中電灯の灯りによって、峠に光の線ができていた。とても綺麗で、自分もその1つになれたことに感動した』と書きました。このように感じてくれて、とても嬉しく思いました。強歩大会も寒稽古も仲間とともに行うものです。だからこそ頑張れる、そしてその一員となれたことに感動し、最後までやり遂げたことに達成感を覚える。そうした体験が生徒の成長には必要だと考えています」（堀内校長先生）

強歩大会は、卒業生が実施をサポートしており、ほかにも巣園流水泳学校（希望者対象）といった行事が、卒業生の協力のもと行われています。どちらも、卒業生が自主的に参加しており、こうしたことからも、各行事が、楽しい思い出として残っていることがわかります。

創立者の思いを受け継ぎ、独自の「硬教育」を行う巣鴨。様々な目標に向かって努力する生徒が集まっています。

最後に堀内校長先生から、読者のみなさんにメッセージをいただきました。

「将来、社会で活躍するために必要となる力、その土台を築くのが高校時代だと思います。みなさんはいま、目の前に迫った受験のことで頭がいっぱいかもしれません。しかし、ぜひそうした視点を持って進学する学校を決め、高校生活を送ってください」

行事

行事が盛んな巣鴨。写真で紹介している運動系の行事以外にも、合唱コンクールや百人一首歌留多《かるた》大会などがあります。

■2020年3月卒業生　大学合格実績抜粋　（　）内は既卒

国公立大学		私立大学	
大学名	合格者数	大学名	合格者数
東北大	5（3）	早稲田大	48（18）
筑波大	4（3）	慶應義塾大	40（25）
東京大	12（5）	上智大	10（5）
東京医科歯科大	2（0）	東京理科大	43（26）
東京学芸大	1（1）	青山学院大	13（9）
東京工業大	2（2）	中央大	44（29）
一橋大	3（2）	法政大	27（19）
横浜国立大	3（2）	明治大	58（39）
千葉大	11（0）	立教大	12（9）
埼玉大	3（2）	学習院大	5（3）
京都大	1（0）	東京慈恵会医科大	8（2）
大阪大	3（2）	日本医科大	6（2）

公立高校WATCHING

千葉県立●共学校

船橋《ふなばし》高等学校

創立100周年を迎え「船高第2世紀」が始動

千葉県立船橋高等学校は、普通科と理数科２つの科を持ち、それぞれの生徒が切磋琢磨しながら学校生活を送っています。SSH指定校として千葉県内の理数教育をけん引しながら、新たな取り組みもスタートしており、「船高第２世紀」に注目が集まっています。

校訓「専心研学」のもと逞しい生徒を育てる

千葉県立船橋高等学校（以下、県立船橋）の歴史は1920年に創立された船橋中学院から始まります。創立100周年を機に、「専心研学」（「集中して学問を研く」「全力で研究・学問に徹する」）という校訓を設定するとともに、2020年に創立100周年記念式典を実施。同年4月に着任された酒匂一揮校長先生のもと、「船高第2世紀」として新たなスタートが切られました。

県立船橋で初めて、同校の卒業生として校長になった酒匂校長先生。新型コロナウイルス感染拡大防止の観点から、大勢で集まる全校集会などは開催を控えていますが、今後は生徒に対して以下のような思いを伝えていきたいと語られます。

「社会に出ると、色々なハードルを乗り越えなければならないときがきます。本校ではそんなとき、前向きにハードルに挑んでいける逞《たくま》しさを持った生徒を育てたいと考えています。

そのためにまず大切にしているのが『あいさつ』です。大学は個々で学ぶ場面が増えるので、全員が同じように生活するのは高校が最後の機関となるでしょう。ですから社会を生きるうえで不可欠な『あいさつ』をする習慣を高校生活のなかで身につけてほしいのです。

そしてもう1つ、生徒たちには積極的に色々な人とかかわってほしいと思っています。長年の教員生活で様々な学校に赴任するなかで、近年は他者と積極的にかかわる生徒が少なくなってきているように感じています。

もっとたくさんの人と交流して、ときにはぶつかりながらも意見を交わす。それが自分の中身を磨くこと、さらには自己を確立していくことにつながるはずです。そうした体験を重ねながら、立派な社会人として活躍するための土台を築くことを願っています」

酒匂《さこう》 一揮《かずき》 校長先生

所在地：千葉県船橋市東船橋6-1-1
アクセス：JR総武線「東船橋駅」徒歩7分、京成線「船橋競馬場駅」徒歩12分
TEL：047-422-2188
生徒数：男子614名、女子468名
URL：https://cms1.chiba-c.ed.jp/funako/

- 2学期制
- 週5日制（年間15回土曜授業あり）
- 月・水7時限、火・木・金6時限
- 50分授業
- 1学年普通科8クラス、理数科1クラス
- 1クラス約40名

2つの科を設置 テストや補習も多く実施

県立船橋では、普通科（8クラス）と理数科（1クラス）が設置されています。

普通科のカリキュラムは、高1・高2は共通履修、高3は文類型と理類型に分かれたうえで、それぞれ希望進路に合わせて選択科目を履修していきます。高1・高2で全員が物理・化学・生物・地学を履修するのも特徴です。

一方理数科は、数学や理科で学校独自の設定科目（SS科目）を用意し、より密度の濃い理数教育を展開するとともに、1泊2日で生物・地学の実習を行う「SS野外実習」や、後述する「SS理数探究」など、本格的な探究学習を行っていきます。

このようにカリキュラムは異なりますが、行事や部活動は切磋琢磨しながらともに活動していくため、冒頭で酒匂校長先生が語られた「色々な人とかかわりあう」環境がまさに整っているといえるでしょう。

「本校は2学期制を導入していますが、定期テストは3学期制と同じように年5回実施し、独自の実力テストも年2～3回行うというように、知識の定着度を確認する機会を多く設けているのも特徴です。授業外の講習も平日の始業前や放課後には約30、夏休みには約60（ともに3学年合計）を開講と、充実しています」と話す酒匂校長先生。こうしたきめ細かな指導が、毎年の合格実績に結びついています。

2020年に行われた100周年記念式典の様子

特色あるプログラム

SSHの研究発表会や出前授業のほか、一般の小中学生を対象としたサイエンススクールフェスティバルも開催しています。

ますます充実するSSHのプログラム

県立船橋のスーパーサイエンスハイスクール（SSH）のテーマは「自立した探究者への道を拓け〜知識を総合的に活用し自立的に探究する力をすべての生徒に〜」です。「〝すべての生徒〟と掲げる通り、指定3期目を迎えたことで、普通科の生徒もより充実した理数教育を受けられるカリキュラムに改良しました。もちろん理数科での特色ある取り組みは継続しています」と酒匂校長先生。

普通科では「SS情報探究」を設定し、前期は情報リテラシーと探究力を身につける実習を、後期は班別テーマ研究を実施。さらに高2の総合的な探究の時間を活用して、テーマ研究にも取り組むようになりました。

理数科で設定しているのは「SS理数探究」です。高1で基本的な研究活動の流れを学び、高2で各々が興味・関心のあるテーマについて1年間かけて研究、その成果を発表します。希望者は高3でも研究を続けることが可能です。

また、外部機関と連携した共通プログラムとして、著名な科学者や大学教授による「SS講演会」、実験やフィールドワークなどを行う「SS講座」、大学教授から課題研究のアドバイスを受けられる「SS出張授業・出張指導」を用意しています。

さらに2019年度には、同年度から文部科学省が新設した科学技術人材育成重点枠の「高大接続枠」（※）に、千葉県内のSSH指定校5校と千葉大学が選ばれ、「SSHコンソーシアム千葉」を構築。県立船橋はその幹事校を務め、各校と連携を図りながら、高大連携教育に取り組んでいます。

そのほか、今年度は新型コロナウイルス感染症の影響で中止となりましたが、例年冬休みに「SS台湾研修」（高2希望者対象）を行っています。

「文化祭やオーストラリア短期留学などの行事

※「高大接続による一貫した理数系トップレベル人材育成プロセスの開発・実証」をめざし新たに創設された枠組み。千葉県のコンソーシアムが全国で初めて指定を受けた。

文化祭

残念ながら2020年度は中止となったものの、毎年盛り上がる文化祭。

も実施を断念しましたが、秋以降は感染予防策を講じたうえで実施した行事もあります。例えば、毎年別々に行っている陸上競技大会と球技大会を合体させた『球技&スポーツ混合大会』はかなり規模を縮小したものの、生徒たちはじつに楽しそうに参加していました。その様子を見て改めて、学校生活における行事の重要性に気づかされましたね」(酒匂校長先生)

熱意を持った生徒に入学してほしい

進路指導については「『高みをめざせ』を合言葉とする本校では、最後まで諦めずに第1志望校をめざす雰囲気が根づいています。我々教員も生徒1人ひとりの希望進路実現を応援し、的確なアドバイスをするよう心がけています。

そして、『社会に有為な人材の育成』という教育目標も脈々と受け継がれているので、自分の力を社会にどう役立てていきたいのかを意識することも、将来を考えるうえでは大切だと伝えています」と酒匂校長先生は語ります。

そのため、多様な職種の方を招き、仕事の内容や高校時代の思い出について話を聞く「職業出前授業」、大学教授による講義を学校にいながらにして受けられる「船高カレッジ」、各大学の説明会など、毎月のように進路行事を開催しているといいます。

こうした教育が実を結び、毎年多くの卒業生が希望をかなえており、2020年春は千葉大学の50名を筆頭に、200名弱が現役で国公立大学に合格しています。そんな県立船橋ではどんな生徒さんを待っているのでしょうか。

「必ずしも将来の目標が定まっていなくてもかまいません。しかし、目標に向かって頑張るんだ、という熱意は持っていてほしいと思います。そうした熱意さえあれば、本校で生活するなかでおのずと目標も見つかるでしょう。我々教員は、その目標に向かって進む学力や体力を身につけられるよう、全力でサポートしていきます」(酒匂校長先生)

2020年を「船高第2世紀船出の年」と位置づけ、新たな歴史を刻み始めた県立船橋が、今後どんな発展を遂げるのか、期待が高まります。

そのほかの行事

コロナ禍における行事のあり方を模索しながら、球技&スポーツ混合大会や合唱祭など一部行事を秋以降行いました。

■2020年3月卒業生　大学合格実績抜粋　(　)内は既卒

大学名	合格者数	大学名	合格者数
国公立大学		私立大学	
北海道大	14(7)	早稲田大	115(20)
東北大	11(3)	慶應義塾大	59(21)
筑波大	27(1)	上智大	45(11)
千葉大	55(5)	東京理科大	154(38)
東京大	15(5)	青山学院大	10(0)
東京医科歯科大	3(1)	中央大	50(13)
東京外語大	8(0)	法政大	97(15)
東京工業大	19(3)	明治大	121(29)
一橋大	8(0)	立教大	65(11)
横浜国立大	10(1)	学習院大	16(2)
京都大	6(3)	北里大	7(3)
大阪大	6(4)	芝浦工大	40(20)

画像提供：千葉県立船橋高等学校(写真は過年度のものも含みます)

神奈川　神奈川公立受検も郵送出願を採用 さらに「追加の二次募集」も設定

神奈川県教育委員会は11月、新型コロナウイルス感染症予防の観点による、2021年度公立高校入試変更点を発表した。以下に抜粋した要点を掲載するが、必ずHPにも目を通してほしい。

2021年神奈川県公立高校入試（共通選抜）変更点は次の４点。

■出願の郵送対応

各校の窓口出願に加えて郵送出願にも対応する。1月25日（月）～27日（水）までの必着で、窓口出願より早くなっているので要注意。ただし、県内の国公立中学校の在籍者は各中学校がまとめて郵送する。

■「健康観察票」の提出

受検者に受験票が送付される際に同封されている「健康観察票」を、本人が記入して受検当日に持参し提出。

■濃厚接触者の扱い

濃厚接触者であっても、①PCR検査陰性　②受検当日無症状　③受検当日には公共交通機関不使用　④濃厚接触者確認票の提出　を経て別室受験。

■「追加の二次募集」を設定

新型コロナウイルス感染症罹患《りかん》者、濃厚接触者、インフルエンザ罹患者等のために、2月22日（月）の「追検査」、3月10日（水）の「追加の検査」も受けられなかった者を対象に「追加の二次募集」を行い、3月24日（水）に面接等を実施する。なお、「追加の二次募集」は、それまでの検査で不合格（私立高校不合格含む）だった者も希望することができる。

神奈川県公立高校入試日程

入学者選抜日程	各検査の対象者
2月15日（月）学力検査等	・発熱等の体調不良のない受検者 ・濃厚接触者のうち、陰性で無症状などの条件を満たす者
2月22日（月）「追検査」	・インフルエンザを含めた体調不良のために2月15日の検査を受検できなかった者 ・15日の検査を受検できなかった濃厚接触者のうち、陰性で無症状などの条件を満たす者
3月　1日（月）合格発表	※3月1日（月）「追加の検査」志願状況公表
3月10日（水）二次募集学力検査等	・公私立高等学校に合格していない者（「追加の検査」の受検を希望していたが、志願取消の手続きをした者も含む）
3月10日（水）「追加の検査」学力検査等	・新型コロナウイルス感染者または濃厚接触者と認定されたため、2月15日の学力検査等および22日の追検査を受検できなかった者のうち、「追加の検査」の受検を希望する者
3月17日（水）二次募集合格発表 「追加の検査」合格発表	
3月19日（金）、22日（月） 「追加の二次募集」募集期間	・3月10日の「追加の検査」で不合格となった者または正当な事由があってこの検査を受検できなかった者で、公私立高等学校に合格していない者のうち、「追加の二次募集」の受検を希望する者
3月23日（火）「追加の二次募集」志願変更	
3月24日（水）「追加の二次募集」面接検査	
3月26日（金）「追加の二次募集」合格発表	

埼玉　2021年度公立高校入試の採点原則 受検者に寄り添った内容で公表

埼玉県教育委員会はこのほど、2021年度公立高校入試についての「採点に関する原則」５点を公表した。すでに発表されている５教科各教科の「採点の手引き」に対して「総則」といった意味合いとなるが、受検者の不利にならないよう配慮されていることがうかがえる。以下は編集部において抜粋したもの。

１　問題のねらいがはっきりと理解されていると判断できれば、正答と認める。

２　各教科の「『採点の手引き』の『採点上の注意』で『部分点を認める』」とした問題以外でも、各校の裁量で部分点を認めても可。

３　次の場合は正答と認める。

「ひらがな」で書くべきところが「カタカナ」、あるいはその逆。

漢字で書けるところが「ひらがな」。

文字そのものの正確性を問う場合以外の問いで、文字の若干の誤り等。

４　上記３以外で、指示に反した解答や判読に苦しむ解答は、正答と認めない。

５　各教科の「採点の手引き」にある予想解答以外にも正答の可能性があることに留意する。

受験生のための
明日へのトビラ

いよいよ2021年度高校入試が始まりました。ただ、コロナ禍の影響で入試に関する変更が生じることもまだ考えられます。なにがあっても動揺することなく、「ここまで頑張ってきた自分」を信じ、平常心でその日を迎えましょう。

NEWS

東京　2021年都立高校推薦入試変更3点 集団面接見送りで個人面接重要に

東京都は10月、新型コロナウイルス感染症予防の観点からの、2021年度都立高校入試変更点をいち早く発表している（既報）。近づいている推薦入試変更の要点を、ここに再度掲載しておく。

なお、一般入試（学力検査に基づく選抜）も含め、変更点の最新情報が、12月なかばにHPに掲載される予定になっているので、必ず確認されたい。

2021年度都立高校推薦入試の変更点は次の３つ。

■集団討論を行わない

2020年度入試までは、全校で集団討論が行われ、多くの学校の配点は、調査書50%、集団討論と個人面接を合わせて25%、作文または小論文25%だったが、2021年度推薦入試では集団討論を行わず、配点は、調査書50%、個人面接25%、作文または小論文25%となる。つまり、個人面接の「重要性」が２倍になる。

■入試を原則１日で終える

2021年度推薦入試では、集団討論を実施せず、１月26日（火）だけで行い、一部の高校のみ、27日（水）に実技検査を行う。

■出願は郵送

これまで、一般入試も含め各校窓口に願書を持参していたが、2021年度入試では、原則郵送での出願になる。1月12日（火）～15日（金）の期間内に、各校が指定する郵便局必着。**受検者個人が送るのではなく、在籍中学校からまとめて発送する。**

各家庭での準備（受検校の決定や受検料の支払い、出願書類の用意、面接で重要な「自己ＰＲカード」の作成など）を例年より10日程度早める必要がある。

東京　東京都独自の英語を楽しく学べる 無料英語教材が配信を開始

東京都教育委員会は、都独自の英語動画教材シリーズ「TokyoGlobalStudio」の配信を開始している。

小学校３・４年生用、小学校５・６年生用、中学生用、高校生用の３つの窓口から入ると、TOKYO GLOBAL GATEWAYの外国人スタッフの楽しい会話を聞きながら、文法も動画とワークシートで学べる仕掛けとなっている。また、英文の音読や質問に答えるなど「話す」トレーニングも用意され、英語を使う楽しさや必要性を体感できる。

ホームページのURLとQRコードは別添の通りで、中学生向けは３月までに全40本が配信予定となっている。
https://www.tgs.metro.tokyo.lg.jp/

動画はこちら↑

E 教員室前ホールで話す生徒と教員　F サッカー部　G オーストラリア短期留学　H ブリティッシュヒルズ国内語学研修

朋《ほう》優《ゆう》学《がく》院《いん》高等学校

〈共学校〉

高校単独校として、新入生全員が同じ教育環境から高校生活をスタートする朋優学院高等学校。生徒1人ひとりに合わせた進路指導が魅力の学校です。

進路指導に力を入れ生徒の挑戦を応援する

高2から始まる進路に合わせた学び

教育理念に「自立」「共生」を掲げる朋優学院高等学校（以下、朋優学院）。２０１８年に従来のコースを再編し、より1人ひとりの生徒に合わせた教育を実施できる環境を整えました。

その大きな特徴は、高2に上がる前に、改めて希望進路に応じたコースを選ぶ時間が設けられている点です。

高1は「特進コース」「国公立コース」の2コースそれぞれで基礎学力を定着させていきます。試験の難易度が変わるものの、同じカリキュラムで学ぶため、高2進級時にコースを移動する場合もスムーズです。

高2以降は「特進コース」が文系・理系に分かれ、以下の3コースとなります。「国公立コース」は難関国公立大学へ現役合格することを目標に掲げ、5教科をバランスよく学習しながら、幅広い教養を養います。「特進数理コース」「特進文系コース」はそれぞれ難関私立大学の受験をめざし、必要な文系・理系の3教科を重点的に学んでいきます。

「高2のコースは生徒の成績順に分けるのではなく、教員と生徒が進路について1年間かけてじっくりと話しあいながら決めていきます。そのなかで改めて進路につい

Photo　A アクティブ・ラーニング室　B 視聴覚室　C 物理の授業　D 図書館で自習する様子

写真提供：朋優学院高等学校

て考えることで、高1とは異なるコースを選ぶ生徒が毎年何人もいます。

また、コースごとに到達度別のクラスを設置しているので、生徒の実力に合った学習を行える環境です」と話されるのは、佐藤裕行校長先生です。

多様なキャリア教育や学校行事も魅力

朋優学院では、充実したキャリア教育も特徴です。各学年、個別面談を年5回以上、進路ガイダンスを年3回行います。

個別面談はクラスの担任教員に、進路やコース、そのほかの悩みについて相談できる機会です。教員は日ごろから、大学受験に関する情報を収集し、その情報を教員内で共有しており、質の高い進路指導を行います。

さらに進路ガイダンスも、その多くは朋優学院の教員が企画しており、進学に関する様々な情報を発信しています。保護者向けのガイダンスも年に3回程度行うことで、生徒と保護者の両方が納得できる進路を教員もいっしょに模索します。

小野間大副校長先生は「生徒には偏差値だけを考慮せず、大学進学後の学びについてもこだわって志望校を決めてほしいと考えています。実際、本校では首都圏の大学以外に、地方の国公立大学を第1志望校とし、後期入試にも果敢に挑戦する生徒が多いです。

加えて、どのコース・クラスの生徒に対しても教員が熱心に指導し、全体の学力向上を図ることで、現役合格実績も年々伸びています」と話されます。

また、学校行事も魅力の1つで、新型コロナウイルス感染症の影響で多くの学校が中止した文化祭も、感染予防を入念に行い10月に予約制で開催しました。

そのほか、学年ごとの行事として、例年、高1はブリティッシュヒルズ国内語学研修や東京グローバルゲートウェイ研修で英語を話すおもしろさを体感します。高2ではヨーロッパ・台湾・シンガポールの3コースから選べる海外修学旅行を通して、異文化理解を深めます。

高2・高3の勉強合宿も、勉強に専念し学力を高められることはもちろん、レクリエーションなどを用意しており、楽しい思い出作りができる行事として人気を集めています。

高校生活を楽しみながら、将来を考えられる朋優学院。最後に佐藤校長先生から以下のようなメッセージをいただきました。

「朋優学院は、仲間とともに様々なことにチャレンジしていける学校です。生徒には3年間の高校生活を大切に過ごし、将来社会人として周囲と協働しながら、自分の人生を自らの力でプロデュースできる人に成長してほしいと願っています」

スクールインフォメーション

所在地：東京都品川区西大井6-1-23
アクセス：都営浅草線「馬込駅」徒歩8分、都営浅草線ほか「中延駅」・東急大井町線「荏原町駅」徒歩9分、JR横須賀線ほか「西大井駅」徒歩10分
生徒数：男子626名、女子730名
TEL：03-3784-2131
URL：https://www.ho-yu.ed.jp/

2020年3月卒業生　おもな合格実績

東京大	3名	大阪大	2名
東京工業大	2名	早稲田大	45名
東京外国語大	1名	慶應義塾大	5名
北海道大	5名	上智大	31名
東北大	3名	東京理科大	31名

あの学校の魅力伝えます
スクペディア No. 38

八王子《はちおうじ》学園《がくえん》八王子《はちおうじ》高等学校

東京　八王子市　共学校

所在地：東京都八王子市台町４-35-１　生徒数：男子663名、女子820名　TEL：042-623-3461　URL：https://www.hachioji.ed.jp/
アクセス：JR中央線「西八王子駅」徒歩５分

多彩な学びのもと、自分らしく輝ける３年間

設立時より地域に根差した学校として発展を続け、２０１８年に創立90周年を迎えた八王子学園八王子高等学校（以下、八王子）。「人格を尊重しよう、平和を心につちかおう」を学園モットーに掲げ、生徒1人ひとりの夢や希望の実現を目標に、質の高い教育を行う進学校です。

多彩な人材を輩出してきた歴史と伝統を持つ八王子ですが、積み重ねたノウハウを大切にするだけではなく、時代に即した教育を実践するチャレンジ精神も重視しています。２０１７年からは「八王子イノベーション」と題して、コミュニケーション、学校指導、実力養成の３つの教育コンセプトを設定。生徒が個々の夢をかなえ、21世紀の社会で活躍できる能力を育むための教育がより充実しました。

希望進路に応える コース・クラス・類系

生徒の個性を尊重し、伸ばすことで各々の夢の実現をめざす八王子の教育は、進路や目標別に設定しているコース・クラス編成にも表れています。コースは、難関国公立大学および早慶上理・ＭＡＲＣＨレベル以上の大学進学をめざす「文理コース」、日東駒専レベル以上の文系大学、音楽系・美術系の大学をめざす「総合コース」、クラブ活動で活躍しつつ大学進学も見据える「アスリートコース」の３つです。

「文理コース」はそのなかでさらに希望大学のレベルやライフスタイルに合わせて「特進クラス」「選抜クラス」「進学クラス」に分かれます。３クラスとも最難関大学志望の「特進クラス」の内容に準拠しているので、どのクラスもハイレベルな学習が可能です。

「総合コース」では、進路別に「文科系」「音楽系」「美術系」の３類系が設定されています。「音楽系」「美術系」では専門科目も充実しており、実技演習も交えたきめ細かな指導のもと、芸術的感性を伸ばすことができます。

生徒の多彩な夢に対応するため、進路指導が手厚い点も魅力です。進路選択に向けた各種ガイダンスや、定期的な三者面談をはじめ、1年次からしっかりと各自の進路に向きあうことが可能です。それぞれの未来をめざし頑張る生徒が集う八王子では、自分らしく輝き、伸びのびと成長できる高校3年間があります。

あの学校の魅力伝えます
スクペディア No. 39

武蔵野《むさしの》高等学校

東京都　北区　共学校

所在地：東京都北区西ヶ原4-56-20　生徒数：男子425名、女子289名　TEL：03-3910-0151　URL：https://www.musashino.ac.jp/mjhs/
アクセス：都電荒川線「西ヶ原四丁目駅」徒歩３分、都営三田線「西巣鴨駅」徒歩８分、JR山手線「巣鴨駅」・地下鉄南北線「西ヶ原駅」徒歩15分

生徒の能力を高める手厚い学習指導

幼稚園から大学院までを擁する武蔵野学院の一員として、１００年以上の歴史を紡いできた武蔵野高等学校（以下、武蔵野）。「他者理解」を校訓とし、「相手の立場にたって考え、行動すること」を指標に教育活動を展開しています。

そんな武蔵野の特徴は、大学受験のための学力だけでなく、その知識を活かす実践力やコミュニケーション力が重視されていることです。例年、文化祭や体育といった学校行事をはじめ、部活動や海外研修なども活発に行われています。

生徒の実り豊かな活動を支える施設も充実しており、地上3階、地下1階の別棟になっている図書館や、メニュー豊富なカフェテリア、ｉＭａｃを備えたＭＭ（マルチメディア）教室などが整備されています。

目的に合わせて選べる2つのステージ

武蔵野では、それぞれが持つ豊かな個性を伸ばすため、２つのステージを用意しています。

「特進ステージ」は、難関私立大学や国公立大学への進学を目標として、学力の伸長に重きをおくステージです。受験を見据えた7限目の講習、英検取得をあと押しする英語のカリキュラム等、大学入試に必要な学力を養います。「進学ステージ」は、大学受験に向けての学習と並行して、学校行事や部活動にもバランスよく取り組めるステージです。興味のあることに挑戦しやすい環境で、充実した高校生活をサポートします。

また、いずれのステージを選択しても、手厚い学習指導を受けられるのが魅力です。

１００席の自習スペースがある学習支援施設、「武蔵野進学情報センター」には、５教科の演習プリントや進路指導のための資料がそろっています。常駐するチューターが生徒の質問に随時答えられる体制が整っているほか、希望者向けに大学受験指導講師による個別指導（有料）も行われています。月曜日から土曜日まで毎日21時まで使用でき、定期試験対策から受験勉強まで、目的に合わせた学びが校内で完結できるシステムとなっているのです。

様々な角度から生徒を支え、実りある学びを提供している武蔵野。長い歴史に育まれたカリキュラムと、充実した設備環境を活かして、他者を理解し、協働していける人材を育てている学校です。

あの学校の魅力伝えます

スクペディア　No. 40

鎌倉学園《かまくらがくえん》高等学校

神奈川県　鎌倉市　男子校

所在地：神奈川県鎌倉市山ノ内110　生徒数：男子のみ1043名　TEL：0467-22-0994　URL：https://www.kamagaku.ac.jp/
アクセス：JR横須賀線「北鎌倉駅」徒歩13分

禅の精神を受け継ぐ伝統の教育

鎌倉学園高等学校（以下、鎌倉学園）は、禅僧を育てるために創設された宗学林を前身とし、２０２１年には創立１００周年を迎える伝統校です。校訓である「礼義廉恥《れいぎれんち》」は「人として身につけなければならない社会の正しい道理を知り 心清くして悪を恥じ 不正を行わない」ことを意味しており、心身ともに健やかな人間形成がめざされています。

学習においては、３年間を通して国語・数学・英語の３科目を中心に習熟度別授業を導入するなど、丁寧に指導するカリキュラムを展開。高２から文系・理系に分かれ、高３ではさらに文系・理系・国公立文系・国公立理系の４クラスに分かれます。

また、並行して進路指導も体系的に進められています。高１では職業講演会や職業調査などを通して、自分がどうなりたいかを考えます。続いて高２はオープンキャンパス、ＯＢによる講演会、進路フォーラム等への参加で学部や学科の絞り込みを実施。高３ではその希望進路に進むための情報を集め、自身の実力を測る機会を多数用意しています。

学習、進路指導の両面から生徒を手厚くサポートすることで、個々の目標達成をあと押ししています。

机上の勉強だけでなく人間性を育む取り組みも

体験を重視した様々なプログラムが組まれているのも鎌倉学園の特徴です。

理科教育においては、実験と問題演習を繰り返す「Ｋ－Ｌａｂｏ」というシステムを採用。知識の習得だけでなく、実験や観察を通して理解を深めることを大切にしており、放課後や土曜日にフィールドワークなども行っています。

ほかにも、隣接する建長寺での坐禅教室や、長期休暇を利用した海外研修、両国国技館で行われる大相撲９月場所を観戦する武道教室など、多様なプログラムがあります。さらに、最大のイベントである学園祭では、企画立案から広報活動、予算執行等の運営まで生徒が中心となって行われます。

こうした各種学校行事の充実も、生徒の豊かな人間性を育む支えとなっているのです。

２０１７年には校舎のリニューアル工事も完了し、伸びのびと学校生活を送れる環境が整っている鎌倉学園。１００周年を迎え、ますます注目を集める１校です。

あの学校の魅力伝えます
スクペディア　No. 41

東京《とうきょう》都《と》市《し》大学《だいがく》等々力《とどろき》高等学校

東京都　世田谷区　共学校

所在地：東京都世田谷区等々力８-10-１　生徒数：男子419名、女子297名　TEL：03-5962-0104　URL：https://www.tcu-todoroki.ed.jp/
アクセス：東急大井町線「等々力駅」徒歩10分

学習意欲を引き出す独自の教育システム

東京都市大学の付属校である東京都市大学等々力高等学校（以下、東京都市大等々力）は、２０１０年に共学校となりました。以降、誇り高く高潔な人間性「ノブレス・オブリージュ」を持つ人材を育てています。

高１は、付属の中学校から進んできた一貫生とは別の「特別選抜コース」で学び、高２で一貫生と合流して文系・理系のコースに分かれます。授業は高２までに高校の学習範囲修了をめざした先取り教育を行います。

加えて、様々な講座も用意しています。その１つである「登校進学講座」は、長期休暇中に進学対策を行う講座です。高１の夏季休暇中には一貫生と進度を合わせるための数学・化学の集中講義を実施します。

このほか、高３に進級する直前の勉強合宿「春季合宿進学講座」や東京大学出身者による「プラスティー講座」などもあります。

さらに学習支援ツールとして「TQノート」を導入し、自主学習の過程を記して意識することで学習意欲を高め、時間管理能力も養います。

英語・理科に重点をおいた多様な学習支援

東京都市大等々力は、とくに英語と理科の学習に力を入れています。

英語は基礎を押さえつつ音読を積極的に取り入れ、読解力を伸ばします。そのうえで、英文の速読、英会話の時間を設けて実践力も養成します。

ほかにも、生徒全員が卒業までに英検２級を取得することを目標とし、学習計画の作成、問題の配信や解答の分析などを行うアプリケーション「Monoxer」と、専門コーチによる学習支援を一体化させた「システムZ」を用意。「Monoxer」は２０２１年に、他教科にも対応できるようアップデートする予定です。

国際教育も盛んで、高２のオックスフォード大学語学研修旅行では、同大学にて英語でスピーチすることをメインに様々な取り組みが行われます。

また、希望者はオーストラリアの大学で最先端医療や科学技術について英語で聴講する医療・理系探究型の語学研修にも参加できます。

理科は独自の教育プログラムを実施。実験重視の授業や「都市大グループ」の強みを活かした高大連携の「最先端科学講座」などを行います。

このように様々な取り組みを通して、生徒の学習意欲を伸ばす東京都市大等々力です。

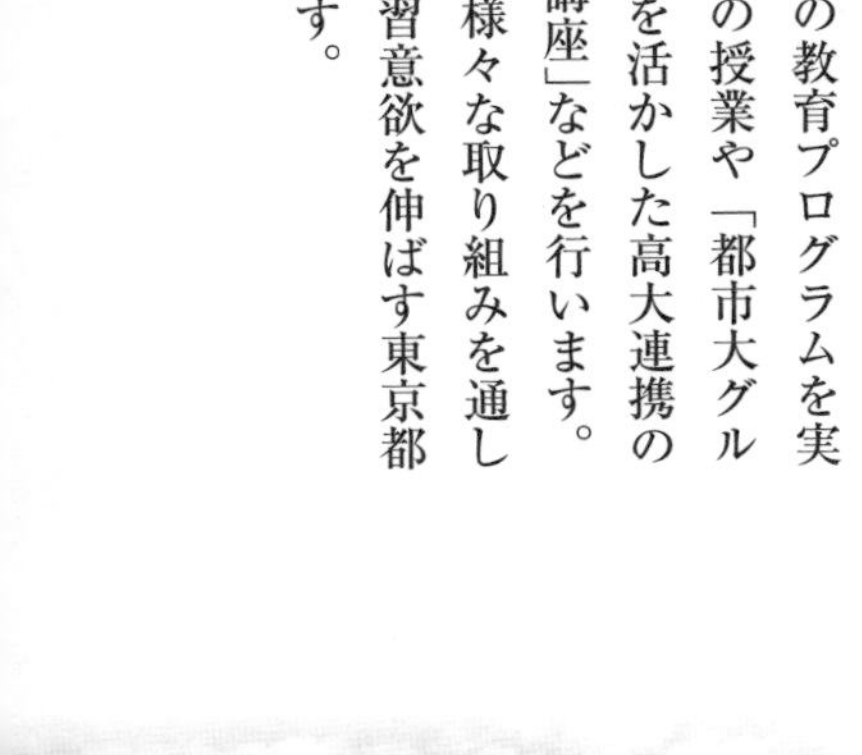

東京都立国分寺《こくぶんじ》高等学校

東京都立国分寺高等学校の創立は1969年。人口急増期の国分寺市において、都立高校の設置を願う地元市民の声が高まり、その要望に応える形で開校されました。2002年には進学重視型単位制高校へと改編、2007年からは進学指導特別推進校の指定を受けています。

とくに近年は、国公立大学現役合格者数が伸長しており、2020年の春には過去最多記録（108名）を更新。もちろん私立大学も早慶上理・MARCHレベルの大学へ250名前後が現役で合格しています。

しかもこれらは部活動や行事にも全力で取り組んだうえでの結果です。6日間で合唱祭・文化祭・中夜祭・体育祭を行う「木もれ陽《び》祭」（9月）をはじめ、様々な行事に高3も参加することから、普段の積み重ねや「最後まで諦めない」姿勢が学校全体に根づいているのです。

Grow up 伸びてる都立

このコーナーでは、「伸びてる都立」として、国公立大学をはじめとする難関大学への合格者数を伸ばしている東京都立高校の2校、国分寺と多摩科学技術を取り上げます。進学指導特別推進校の国分寺、進学指導推進校の多摩科学技術、ともに生徒に寄り添い、1人ひとりの力を最大限に伸ばす教育を実践していることが近年のすばらしい進学実績につながっているものと編集部ではみています。そんな、いま注目の両校について、糸井一郎校長先生（国分寺）、白鳥靖校長先生（多摩科学技術）を訪ねて、それぞれの学校の魅力を話していただきました。

東京都立多摩科学技術《たまかがくぎじゅつ》高等学校

2010年、東京都教育委員会の「都立高校改革推進計画・新たな実施計画」に基づいて創設された東京都立多摩科学技術高等学校。先端科学分野に優れた企業、研究機関、大学などが多く点在する多摩地域で、科学技術について専門的な教育を展開することを念頭に、この校名がつけられました。

2012年にスーパーサイエンスハイスクール（SSH）の指定校となったのを皮切りに、2018年には進学指導推進校・理数研究校・英語教育推進校にも指定されており、質の高い教育で注目を集めています。

そうした教育の成果は合格実績にも如実に表れており、国公立大学合格者数は開校から年々伸びています。1期生の17名から2020年卒業の8期生では60名と大きく増加したほか、2017年には東京大学推薦合格者も輩出するなど、躍進を続けています。

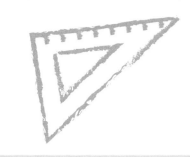

行事にも部活動にも全力投球
文武両道を実践してめざす第1志望校

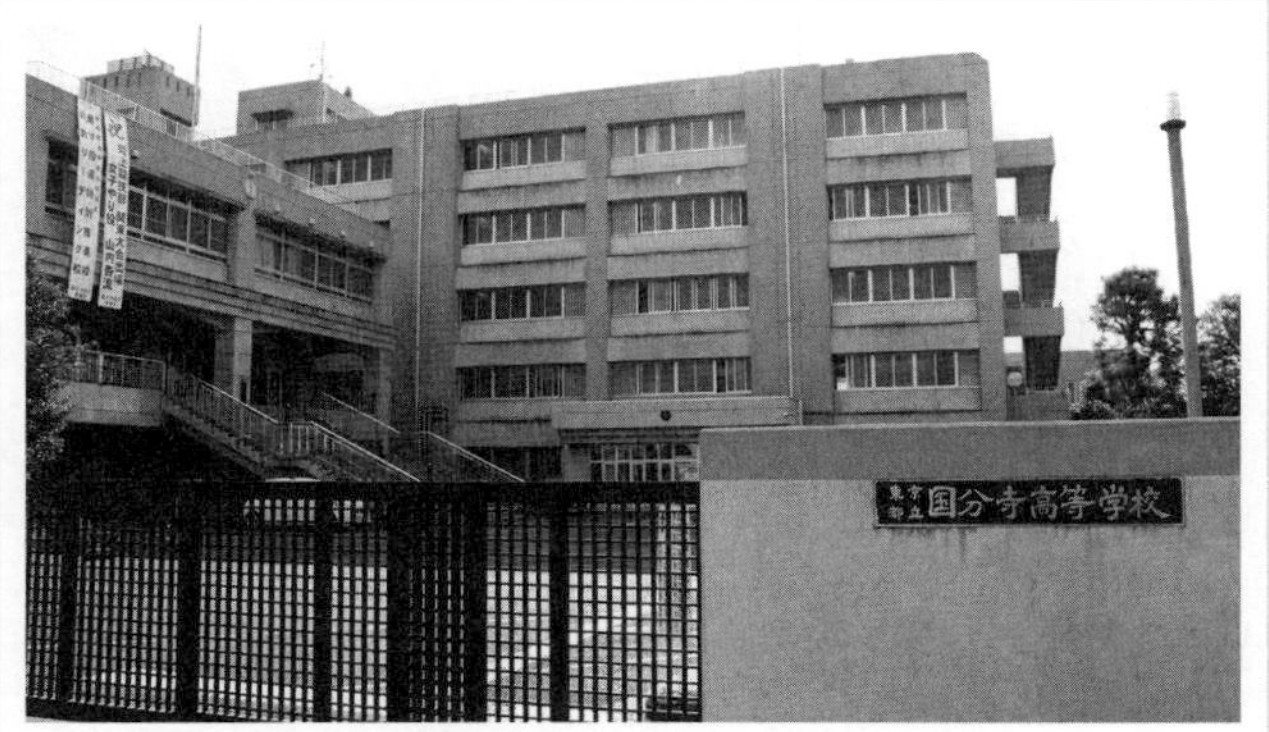

東京都立 国分寺 高等学校

所在地：東京都国分寺市新町3-2-5
アクセス：JR中央線「国立駅」徒歩25分またはバス
ＴＥＬ：042-323-3371
ＵＲＬ：http://www.kokubunji-h.metro.tokyo.jp/site/zen/

糸井《いとい》 一郎《いちろう》 校長先生

憧れの先輩の存在が合格実績向上の一因に

教育目標に「『知・情・意』を兼ね備えた人間の育成」を掲げる東京都立国分寺高等学校（以下、国分寺高）。「知・情・意」には「知」＝知恵、「情」＝豊かな心、「意」＝強い意志、という意味があります。そして、これらを授業や行事、部活動、国際交流や理数リーディング校としての取り組みといった様々な活動を通して培っています。

そんな国分寺高では従来から多くの生徒が国公立大学を志望する傾向があり、3年前までも国公立大学の現役合格者数が毎年80名前後と、安定した実績を残していました。それが２０１８年春には開校以来初となる3桁の合格者（１００名）、２０２０年春は過去最多となる１０８名の合格者を輩出。さらなる飛躍を遂げています。

しかも難関私立大学進学者も含め、現役進学率が70～80％と高い数値で推移しているのも特筆すべき点です。ただし、このように高い現役進学率を誇るといっても「生徒は妥協しているわけではありません」と語る糸井一郎校長先生。

「これは最後まで諦めずに志望校をめざす伝統が本校にはあるからで、２０２０年春も国公立大学の後期入試で7名が合格を果たしています。放課後、自習室や教室に残り、仲間と勉強する生徒も多いので、『みんなで頑張る』『受験は団体戦』という意識がいい効果をもたらしているのだと思います」と話されます。

そして近年実績を伸ばした要因を伺うと、「先輩の影響」をあげられました。

「行事や部活動が盛んな本校は、先輩後輩のきずな、いわゆる縦のつながりが強固です。そのため『A先輩と同じ大学に行きたい』『B先輩は勉強と部活動を両立して合格したから自分も頑張ろう』というように、先輩の好成績が後輩の刺激となり、実績が伸びているように感じます。東京学芸大学（20名前後）と東京外国語大学（10名前後）が毎年一定の人気を集めているのも先輩から様々な話を聞くなかで憧れる気持ちが強まっているのだと思います」（糸井校長先生）

また、長年にわたり細かく分析・蓄積してきた成績データも進路指導において大きな強みになっているといいます。例えば同じ大学をめざしていた卒業生のデータを用いて、「△△大学に合格した先輩はこの時期に模試の成績は振るわなかったが、定期試験ではこれくらいの成績を残していた。だから定期試験で同程度の成績を取れれば、頑張り次第で△△大学に合格するチャンスは十分ある」というアドバイスが可能なのだそう。豊富なデータに基づいた的確なアドバイスにより、多くの生徒の進路実現をサポートしています。

さらに幅広く学ぶため 高2のカリキュラムを変更

国分寺高の現在のカリキュラムは、高1は共通履修、高2でゆるやかな文理に分かれ、高3は文理共通の必修科目に加え、文理それぞれで用意された選択科目を進路に応じて履修する形となっています。これを今後は高2も共通履修にする予定だといいます。

「高2でゆるやかに文理を分けるということは、高1の秋には文理を決めなくてはいけません。そのころやっと学校に慣れてきた生徒もいるはずですから『数学が苦手だから文系に進む』『社会の点数が伸びないから自分は理系に向いているんだろう』という安易な考えにおちいってしまうおそれもあります。

もちろん、早くから文理を分けることは、効率よく大学合格を狙うことができるという点でメリットがあるでしょう。しかし私は、生徒の可能性を狭めず、幅広い視野を持って勉強できる環境を整えたいという思いがあるので、このたび変更に踏みきることにしました」と語られる糸井校長先生。

カリキュラム変更にあたっては、様々な意見を慎重に検討し、議論を重ねてきたといい、着任3年目にしてようやく実現する日が近づいてきたそうです。国公立大学志望者が多いという点からも、2年間でより幅広い分野を学ぶカリキュラムへの変更がどのような効果をもたらすのか、期待が高まります。

❶クラスのきずなが深まる合唱祭 ❷文化祭の顔となるアーチ ❸縦割りの団で競う体育祭

頻繁に小テストを実施 基礎学力を確実に身につける

前述のように、行事や部活動が盛んなのも国分寺高の大きな魅力です。ほとんどの行事は生徒が中心となって運営しており、なかでも1日目に合唱祭、2日目に文化祭の準備、3・4日目に文化祭、4日目の夕方に中夜祭、5日目に文化祭の片づけと体育祭の準備、6日目に体育祭を連続して行う「木もれ陽祭」は、国分寺高を代表する行事です。

ただし実施は例年9月上旬のため、夏休みはどの学年も行事準備に部活動に夏期講習にと大忙し。本格的に受験勉強をスタートさせるのは、木もれ陽祭が終わってからという高3も多いといいます。

「木もれ陽祭のために本校に入学した生徒も毎年大勢いるので高3も全力投球ですし、部活動も強豪のサッカー部をはじめ、高3の11月ごろまで活動する部もあります。こうして行事や部活動に打ち込んだあと、一気に受験にギアチェンジするためには、日ごろの積み重ねが大切です。

とはいっても、色々なことで忙しい生徒たちに任せきりでは、積み重ねが疎かになってしまう側面があります。そこで活用しているのが授業内の小テストです」と糸井校長先生は話します。

国分寺高では、国語と英語は週に1～2回、ほかの教科でも積極的に、高1の段階から授業内で小テストを実施。達成度をその都度細かくチェックして、基準点に達しない場合は補習を行う教科もあります。さらに高1・高2は国語・数学・英語、高3も英語で少人数習熟度別授業を行っているのも特色です。

加えて夏休みなどの長期休暇明けには課題テストを行うなど、定期的に生徒の状況を確認する機会を設けています。受験モードに突入した際、すぐに演習に移ることができるように、基礎学力を着実に身につける体制を整えているのです。

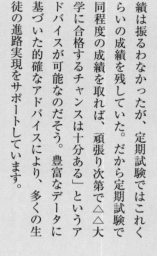

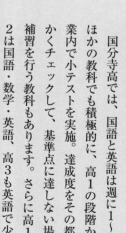

「集中」と「切り替え」を使いこなす国分寺高生

さて、2020年度の木もれ陽祭はコロナ禍により中止する方向でした。しかしすでに触れた通り、このために入学してきた生徒も多く、とくに高3は集大成。なんとか実施できないかと企画を練り、何度も先生方に直談判をしにきたそうです。

そうした生徒の様子を見た先生方は最終的に、予防策を徹底したうえで1クラスずつ、合唱祭は合唱、体育祭はダンス、文化祭は高1・高2は展示、高3は演劇を披露し、その様子をビデオに収録、のちほど他クラスの発表を映像で見るという、無観客の「学習発表会」という形で実行することを決めました。

「我々がいくらダメ出しをしても、『これならどうですか』と最後まで諦めずに向かってくる熱意には胸を打たれました。行事は、仲間とのきずなが深まる機会となるばかりか、限られた時間で予算や仕事の段取りを工夫したり、少々のことではくじけない気力・体力を培ったりと、かけがえのない経験ができる機会でもあります。こうした力はこの先の人生できっと役に立つはずです。

例年通りの『木もれ陽祭』とはなりませんでしたが、生徒は『ちょもれび祭』として実施できたことを喜びつつ、楽しんでいました。行事や部活動に全力で取り組むなかで1つのことに『集中』したあと『切り替える』姿勢が自然と身についていくのも、本校の特色かもしれません」（糸井校長先生）

学年ごとに取り組む充実の探究活動

最後に、特色あるプログラムとして、「総合的な探究の時間」に行われる各学年の取り組みをご紹介します。まず高1は論理的思考力やコミュニケーション力など、探究活動を進めるうえで必要となる様々な力を磨きます。

そのうえで高2は、SDGs（持続可能な開発目標）に関するグループ研究を実施。各グループが17のグローバル目標から自分たちのテーマを定め、それに対する問いとして、「貧困を終わらせるには?」（貧困）、「発展途上国と先進国の教育格差がなぜなくならないのか?」（教育）、「プラスチック製品を減らす取り組みは海洋汚染対策に効果的なのだろうか?」（海洋資源）などを設定、問いの解決に向けて研究を進めます。

そして高2の後半からは、1人ひとりが自分の興味・関心のあるテーマに沿って個人研究を行い、最終的に高3で4000字の論文を執筆します。5〜6名の生徒に教員1名がつき、双方向に思考を深めながら進めるのが特徴で、現在高3の学年が高1のときから始められたものだといいます。

2018年度から指定を受ける理数リーディング校（東京都で3校）としての取り組みでは、大学や研究機関と連携して最先端の研究に触れる機会を用意するとともに、月・火・木・金の7限目に希望者対象の「理科課題研究」の授業を設定。現在約80名の生徒が自主研究に励んでいます。

「オーストラリアの学校と例年行う相互交流も、今年度は現地の訪問がかなわずオンラインでの交流となるなど、様々な行事が中止や変更を余儀なくされるなか、本校の生徒は悲しみをこらえて前を向いています。受験生の高3も未曾有《みぞう》の困難にも打ち勝とうとする強い意志と、何事にも全力で取り組もうとする熱い気持ちが感じられます」と糸井校長先生が語るように、情熱を秘めた生徒が集う国分寺高。彼らが刺激を与えあうことで、今後いっそう進学実績が伸長することでしょう。

❹優秀な成績を収めるサッカー部 ❺教員と生徒が対話する授業 ❻高3に人気の自習室

画像提供：東京都立国分寺高等学校（写真は過年度）

独自のカリキュラムと充実した設備で
未来を担う科学者・研究者を育成

東京都立
多摩科学技術
高等学校

所在地：東京都小金井市本町6-8-9
アクセス：JR中央線「武蔵小金井駅」徒歩10分
TEL：042-381-4164
URL：http://www.tama-st-h.metro.tokyo.jp/

白鳥《しらとり》 靖《やすし》 校長先生

2010年に開校した新たなタイプの専門高校

東京都立多摩科学技術高等学校（以下、多《タ》摩《マ》科《カ》技《ギ》）は2010年4月に開校した比較的新しい学校です。普通科はなく、全日制課程の科学技術科で全員が学ぶ、「新たなタイプの専門高校」として設置されました。

白鳥靖校長先生は「本校では、理科や自然科学に関心を持つ生徒たちがその特性を伸ばし、学力や技術を身につけたうえで理系大学への進学をめざしています。『世界で活躍する未来の科学者・技術者を育てる』ことを目標に掲げている学校です」と説明されます。

多摩科技は、文部科学省からスーパーサイエンスハイスクール（SSH）に指定され2期目（1期は5年）となりました。東京都教育委員会から進学指導推進校・理数研究校・英語教育推進校にも指定されています。

また、国公立大学への合格者が、第1期生から順に17名→17名→32名→35名→50名→57名→54名→60名（すべて既卒生を含む）と、開校から順調に伸びています。

自然科学分野への興味関心を深めながら、実習などを通して経験を積み重ね、大学でも活躍できる人材育成をめざす多摩科技が、国公立大学の合格者を多く輩出している理由についてみていきましょう。

個々の興味関心に合わせて4つの領域から選択

カリキュラムの特色は、高2から4つの領域（後述）に分かれて各自研究を進める点があげられます。共通履修の高1では4つの領域全体について幅広く学びながら、高2以降でどの領域を詳しく勉強したいかを考えます。高2は「課題研究」、高3は「卒業研究」として自分が選んだ領域で研究に取り組み、その成果はレポートにまとめて、プレゼンテーションをします。

1学年で6つのHRクラスがありますが、2クラス（70名）を4つの領域に展開し、1領域に対して17名～18名ほどになるよう分かれます。さらに、研究においては2～3名のグループを作って、あるいは1名で行うこともあります。領域は以下の通りです。

・ET（エコテクノロジー領域）＝化学を中心に、溶液の分析方法や密度の測定といった実習を行い、分析技術を身につけます。大気汚染やエネルギー問題といった、環境問題などを考えるための基礎知識を養います。

・IT（インフォメーションテクノロジー領域）＝情報技術に関する知識や技術について、ハード面からソフト面まで幅広く学びます。さらに、画像処理や動画編集、プログラミングなどの技術についても学習します。

・BT（バイオテクノロジー領域）＝生物や化学の授業と連携し、植物組織の培養やDNAの抽出、微生物の検出などの実習を通して、生命科学の分野で活用できる知識や能力を身につけます。

・NT（ナノテクノロジー領域）＝物質の構造や素材の強度について学習し、理工学系分野で応用できる能力を涵養します。3D-CADや3Dプリンターを使用した実習にも取り組みます。

「こうした研究のための設備は、普通科の学校にはないものが多数そろっています。本校には約30の実験・実習室があり、とくにPCは設計図を作れるソフトであるCADが使用できるCAD室や、CGについて学べる専用のPC室があるなど、用途に応じて対応できる数を用意してあります。

ET領域で使用する分析機器は1台何千万円もするような高価なものもあり、高校のレベルを超えた高度な研究も可能です。例えば、ろ紙に吸収させた溶液を分解し、含まれる物質を解析する質量分析装置などが置いてあります。生徒には、実験をして実際にデータを取るという体験を大切にしてほしいので、設備環境を整えるのは重要なことだと思っています。

科学技術科の授業にはいわゆる教科書がないことも多く、教員が独自の教材を作って指導をすることも珍しくありません」（白鳥校長先生）

なかには、こうした研究活動のなかで世界にまだ例がない発見をする生徒もいるといいます。様々な雑草の根について調べていた生徒は、課題研究をするなかでハルジオンの根の周りには菌が繁殖しにくいことに気づき、その抗菌作用について調査してまとめました。これはまだ世界でも研究がされていない内容で、新たな発見としてコンテストでも受賞しました。

生徒の能力を最大限に引き出す 習熟度別授業と少人数授業

個々の研究活動に力を入れる一方、習熟度別授業や少人数授業などきめ細かい学習指導が行われているのも魅力の1つです。

習熟度別授業は、数学や英語などで1クラス2展開、または2クラス3展開での授業が行われています。そのほか化学や生物でも少人数制授業が採用されており、課題研究では2クラス7展開、卒業研究では2クラス8展開と、手厚い指導が受けられる環境です。

「本校は理系の学校なので、数学と理科が得意だという生徒が多いのですが、それでもクラスのなかではレベルの差が生じます。とくに数学は生徒の習熟度に合わせて展開した方が、教える側も的が絞りやすく、生徒たちも力を発揮しやすいのです。同じく差が出やすい英語についても、習熟度別で授業を行っています。

習熟度別授業のクラス分けは、年度初めのテストで決めていますが、途中で入れ替えもあります。なお、理科の授業を少人数で行っているのは、実験をする際にきめ細かく指導できることが大切だからです。

本校の校舎は、最初から小教室で授業を行うことを想定して設計されていますので、こうした授業体制にも対応できます」（白鳥校長先生）

試験は定期考査以外にも全員が受験する模

❶ET領域で使用する分析機器 ❷ホコリなどの混入を防ぐクリーンベンチ ❸研究の成果を廊下に掲示

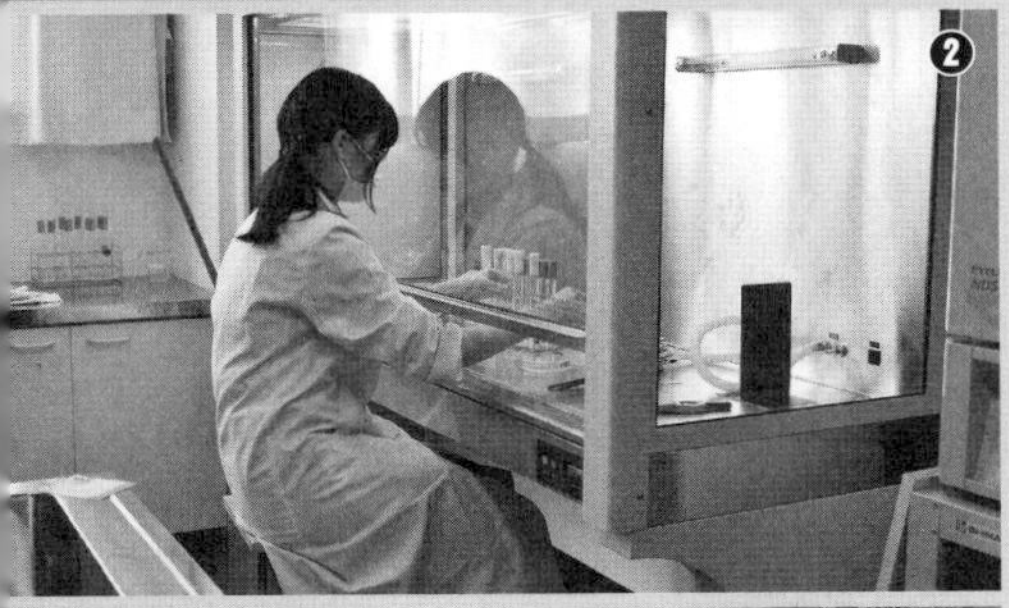

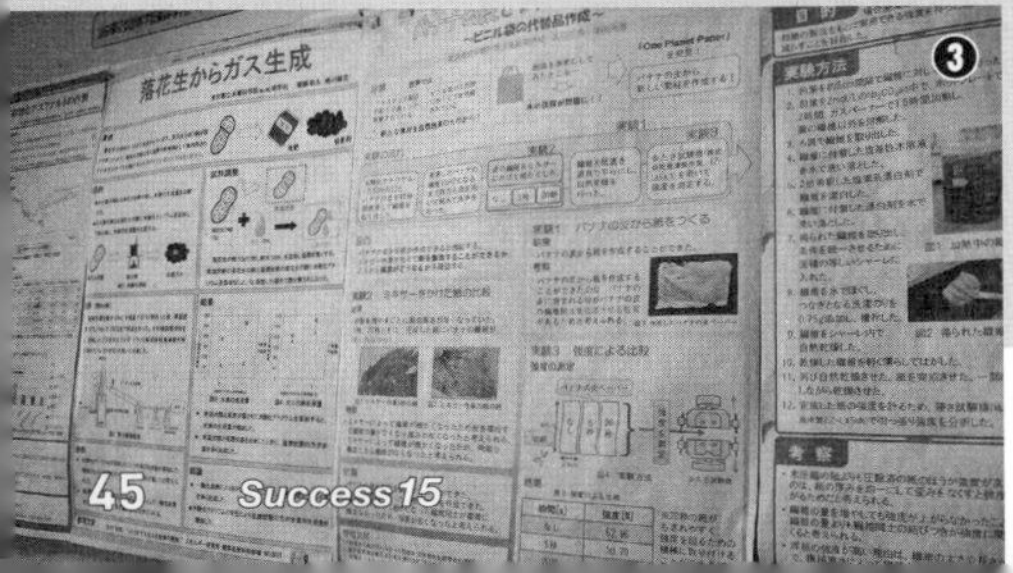

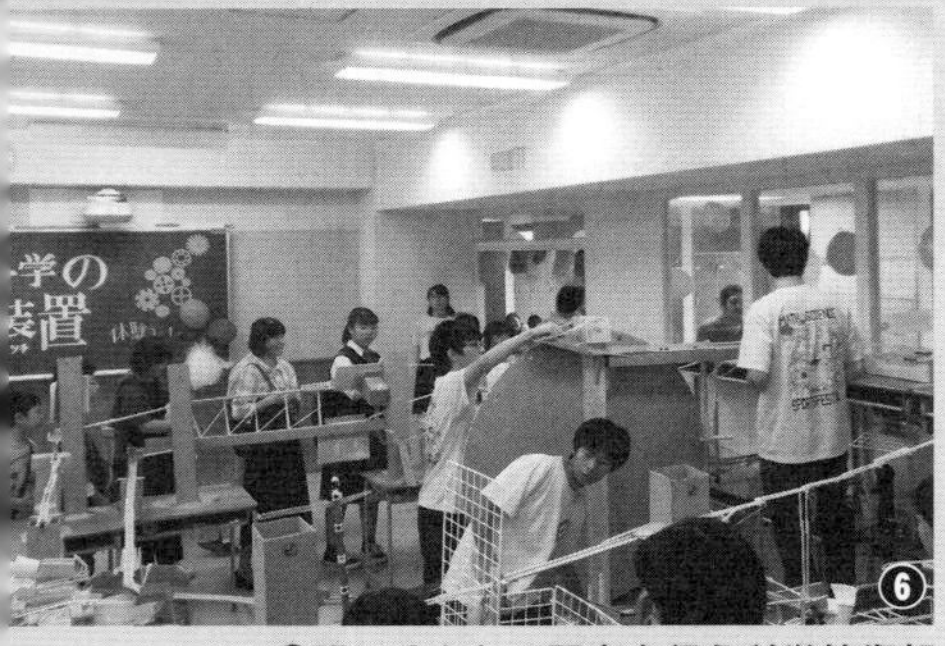

❹班に分かれて研究を行う科学技術部
❺他校にはあまり例のない無線工作部
❻多摩未来祭（文化祭）

試を年4回実施し、全国模試も行われています。これら試験の結果は教員が分析し、生徒ごとに管理しており、教員全体で生徒の希望進路について検討する際に活かされています。

平日の放課後には補習も実施されており、長期休業中は講習も用意。普通科と変わりない大学受験対策が受けられます。

授業以外の教育活動にも専門科としての工夫が光る

キャリア教育でも理系志望者の多い多摩科技ならではの取り組みが多くみられます。学期に1回実施される「アドバイザー講演」では、企業や大学で最先端の研究をしている人々に話を聞くことができます。7月と12月に行われる「サイエンス・ダイアログ」では、日本で活動している外国人研究者が英語で講演します。

そして、2020年度からは東京農工大学との「高大連携教育プログラム」も始まりました。これは、大学の研究室を訪問したり、課題研究に教授からアドバイスをもらったりと、大学での学びを見据えた内容になっています。

「生徒には、いま自分の取り組んでいる研究が、どの大学のどの研究室なら継続できるかを調べてもらいます。大学を学部・学科から選ぶというよりも、自分が興味を持って取り組んでいる研究が続けられるような研究室を探す形です。そこに行くために大学入試があるなら、合格するための学力をつけようと頑張るわけです」と白鳥校長先生が話されるように、大学での学びを見据えた指導と、その効果は高い進学実績にも表れています。

また、部活動では文化部の活動が盛んで、とくに理系の部が充実しているのも多摩科技の特徴といえます。科学技術部には化学物理班・数学班・生物班・生活科学班と4つの班があり、それぞれに40～50名の生徒が参加。各種コンクールなどでも高い成績を収めています。パソコン部やロボット研究部、無線工作部などもいくつかの班に分かれています。

「部活動は学年を越えた交流ができるため、いい刺激になります。早くから高度な研究をしたい、と希望する生徒は部活動に参加して研究しています。高2で課題研究を始める際に、部活動での研究成果をふまえてテーマを決める生徒もいます」（白鳥校長先生）

そのほか、文化祭の「多摩未来祭」でも、各クラスの企画はなんらかの形で科学に関係した内容とするのが開校当時から決められているのだとか。小学生からお年寄りまで幅広い層から人気を集めるイベントになっているといいます。

今後は教科の枠を越えてより深い学びも

最後に、白鳥校長先生に今後の展望について伺うと、「科学は日々進歩していますから、最先端の情報や技術を伝えて、生徒の好奇心や探究心を刺激していくことが、科学技術科としての役割だと思っています。ただ、高度な研究をしていくためには、自然科学に興味関心を持つことだけでなく、理系科目以外も含めた学力や知識が必要です。

2～3年前からは教科の枠を越えて教員同士が連携をとり、特別講座を開く取り組みも始めました。今後はそれをさらに発展させて、それぞれの授業にほかの科目のいいところを取り入れたり、より体系化させたりと工夫を進めようと考えています」と話されました。

ここまでみてきたように3年間を通して理系科目を中心に主体的で深い学びを展開している多摩科技。専門性の高い教育内容と、それを支える手厚い指導、充実した設備環境などにより生徒の力を伸ばし、それが進学実績の向上にもつながっていることがおわかりいただけたのではないでしょうか。

画像提供：東京都立多摩科学技術高等学校（写真は過年度のものも含む）

コロナ禍の情報不足から

安全志向さらに強まる入試

首都圏私立高校入試展望2021

コロナ禍受け私立高校への流れが止まらない

　今回の高校受験生は、新型コロナウイルスの感染予防のため、例年より様々に気をつかう受験生活を過ごしてきました。都立高校の推薦入試では集団討論が中止になったり、神奈川の私立高校では書類選考が増えるなど、首都圏では、内申点や面接が例年以上に重要になる入試が増えています。また、コロナ禍の影響で「安全志向」への流れが、これまで以上に加速する気配です。

　ここでは「首都圏高校入試展望2021」として、まず私立高校入試を概観したあと、51ページからは公立高校の現段階までにみえてきた入試状況をお伝えします。全般的には元々高まっていた私立高校志向に対し、コロナ禍による安全志向がさらに追い風となって、私立高校への流れが止まらない状況です。

《一連の情報は12月10日現在》

すべり止めではなくなった私立

単願で「合格を早く」の受験生心理が垣間見える

　今回の2021年度入試は、新型コロナウイルス感染症第三波の拡大という、まさに前代未聞の状況のなかで迎えることになりました。

　入試準備の段階から「Ｗｉｔｈコロナ」の状況で、学校情報も入試情報も不足のスタートでした。秋口にきて一部で開催された合同説明会には例年以上の参加者が集まったのもうなずけるところですが、その説明会も感染拡大で再び閉じられてしまった現状です。

　そんな情報不足の状況から私立高校への流れが強まるのではという推測が聞かれるようになっています。

　首都圏ではこのところ公立の押さえ（すべり止め）ではなく、第1志望として私立高校を受験する生徒が増え、２０２０年度入試結果ではそうした「私立志向」がより高まったと分析されていたものです。

　元々首都圏では２０１８年度入試から私立志向が高まっていました。これは私立高校在籍者にも就学支援金が届くようになり、公立高校生との学費格差が縮まったことが要因でしたが、コロナ禍が上塗りされて「現在の成績で入れるところに」と、安全受験思考から単願で早く合格を決めてしまおうとする動きが助長されることになりました。

　単願とは本来、校風や教育理念、大学進学状況などと自らの性格や学力がマッチしていて「進学したい」という希望が先にあってこそのものです。「早く合格を」という思考が先走って学校の内容を理解しないまま選ぶのは本末転倒でしょう。

　いまの自分が本当に行きたいのは、公立・私立に関係なくどんな学校なのか、改めて考えてください。

　各都県の、この秋の進路希望調査結果を見ても、公立高校もトップ校は人気がありますが、全体構造としては土台が弱い感じです。つまり、頭に受験生が集まり下部にいくにつれて減ってしまい、全体的に公立志向は弱まっています。

逆に私立高校を志望する受験生は増えています。

その志望パターンでは、私立高校は強気で攻め、公立高校は安全に選ぶという受験の流れとなっています。

私立高校の入試の出願は早め早めの準備が無難

さて、私立高校は出願を入試日の数日前まで受けつけています。なかには前日でも書類が整えてあればOKというところもあります。

しかし、いくら認められているとはいえ、期限直前の出願では、万一、願書に不備があった場合に短時間では対応しきれず、涙をのまざるをえない可能性もあるでしょう。

やはりメンタルも含め、万全の状態で受験に臨むためにも、出願は早め早めを心がけましょう。そのためにも志望校の決定はご家庭でも最重要課題の1つです。いまでも迷っている受験生がいたら、「すでにゴールテープはそこに見えていますよ」と言ってさしあげたいです。

すでに各高校のホームページ（HP）などでは、確定した入試日や出願期限が公表されています。あらかじめ出願期限を確認し、余裕を持って出願できるように準備しましょう。

しかし、入試の具体的な実施策についてはいまでも追加発表をする学校があります。それは新型コロナウイルス感染症への配慮から生じているものです。

後述もしていますが、入試前日まで情報収集の姿勢が必要です。

私立高校の入試日程はコロナ禍での変更も視野に

私立高校の入試日程は、各高校のHPはもちろん、都県の私学協会などからも一覧で発表されています。

元々入試日程は学校によって異なっていたものですが、他校に先んじるため早期化がめだったことから話しあわれ、入試解禁日は各都県で定められるようになりました。

首都圏の私立高校入試日程を俯瞰《ふかん》すると、各都県とも、推薦入試は基本的に1月中旬～2月初旬が多く、一般入試は1月下旬～2月中旬に予定されています。また、一部の高校では3月入試を行っているところもあります。

2021年度の私立高校の入試期間は例年と大きな違いはありませんが、例年とは多少異なる入試日程を設けている私立高校もあります。

というのは、やはり新型コロナウイルス感染症予防の観点から「密」を避けようとする判断です。

公立高校との併願が多い学校のなかには受験者数がかなり膨らむ学校があります。

教室数の関係で「密」に不安がある学校では、従来、入試日は2日間からの日程選択だったものから、3日間の入試日を設定して受験生の分散を図ったり、従来同時に行っていた各コースの入試を、コース別に集合時間に差をつけるなどして、「密」を避ける方策を講じています。

このように今回の入試は、実施方法が様々に工夫されることになりますので、従来の入試当日の模様とはかなり変わったものとなりそうです。

私立高校を受験する場合は、前日になってもHPなどで学校からの情報を積極的にキャッチするようにしましょう。

今回の私立高受験はどうなるか

私立でもコロナ禍起因の出題範囲の縮小がある

2021年度の高校受験では、受験生に配慮するために入試日程や会場、出願期限や方法について様々な考慮が発表されています。

春以降、新型コロナウイルス感染拡大防止のため、受験生であっても登校を制限され、授業の進行にも大きな影響が出ました。

休校による学習不足を考慮した結果、入試の出題範囲が制限されることにもなりました。

それは公立高校に顕著で、例えば東京都立の場合、国語では中学3年生の教科書で学習する漢字が、数学では三平方の定理や標本調査が除外対象となり、今回の入試には出題されないことになりました。

神奈川、千葉、埼玉の公立高校でもそれぞれ出題範囲を公表しています。詳しくは51ページからをご覧ください。

しかし、私立高校はこれらに関係なく各高校ごとに出題範囲を決めており、前年と変わらない学校もあります。また、公立高校に準じる学校や「一定の配慮をします」というだけの学校もあります。

国立高校は、おおむね公立高校に準じており、筑波大学附属、筑波大学附属駒場などは学力検査「除外範囲」をいち早く公表しています。筑波大学附属は同時に「ネット出願」に切り替えることも決めました。

出題範囲の変更に関しては、このように各校で異なりますので、受験校でどのような措置が取られるのか、事前に確認しておく必要があります。

出題範囲の確認を怠ると、出題範囲外の勉強に時間を取られてしまったり、逆に除外されると思っていた内容が出題されて面食らったりする可能性があります。

公立高校と併願の場合、私立高校の入試では除外されない範囲が出題される可能性が大きいため、とくに注意が必要です。出題範囲についてわからないことがあれば事前に学校や塾の先生に相談し、効率的に締めくくりの勉強を進めましょう。

私立高校で増えている面接を取りやめる学校

私立高校の面接は、個人面接よりも受験生5～6人に面接官2～3人というケースが多く、それだけなら、互いの間隔を空けるなどの方法がとれそうなものですが、実際には短時間に多くの受験生が待機せねばならない状況が生じます。

このため、公立高校を含めた本命校の前に、「密」状態で受験することを心配する声があり、面接中止を発表する学校が増えたものです。

すでに大森学園、帝京大高、國學院、鵠沼、相洋、橘学園、東葉、東農大三などですべて、または一部の入試で面接を取りやめていましたが、ここにきて、木更津総合、下北沢成徳、城西大川越、法政大高などが追随するように面接回避を発表しています。

神奈川私立特有の入試形態に注目

神奈川私立高校では「書類選考」が急拡大

神奈川の私立高校には、「書類選考」という独特の入試形態があります。

この入試では、学校を訪れることなく入試が完結します。つまり、受験生側は学校から求められる書類を送り、学校はその書類をもとに合否を判断するものです。

いわゆる「筆記試験なし入試」で、コロナ禍で入試対策に苦慮する双方にとってありがたい形態が準備されていたといってもいいでしょう。

一般入試をすべて「書類選考」に切り替える学校もあります。横浜創学館、横浜学園、向上などがそれにあたります。前項であげた橘学園は推薦入試で面接を取りやめますが（従来、面接だけだったため）「書類選考」に移行します。一部入試を「書類選考」に切り替える学校として日大藤沢、英理女子学院、白鵬女子、相模女子大高、光明相模原などが表明するなど、神奈川私立では「書類選考」採用校が急拡大しています。

感染症対策を重んじた受験方法が考えられている

ここまで述べてきた2021年度の高校入試状況に重くのしかかっているのは、やはり新型コロナウイルス感染症の影です。

各校ともにクラスターの発生や受験を機に罹患《りかん》するといったリスクを絶対に出さないよう徹底したコロナ禍対策が進められています。

入試日前後の校舎徹底消毒、受験生入校の際のアルコール消毒や検温、入試会場の換気といった基本的な感染防止対策のほか、面接や実技試験の際は、受験者や監督者同士のディスタンスを一定以上に保ち、接触機会を極力減らすかまえです。

また、前述の通りそれらの入試自

体を諦めた学校もあります。

ほかにも公共交通機関の利用をなるべく避け、受験会場を分散して、消毒された公共施設を試験会場として使用するといった対策をとる学校もあります。

また、受験番号別に区切って集合場所や時間帯を変えていたり、複数の集合場所で集まる人数を減らす、オンライン面接を導入する、合格発表はHP掲示として学校掲示は取りやめるなど「密」を避ける対策がとられます。

受験生には非も罪もあるわけではありません。

いずれの方策も受験生が安心して受験に臨めるようにと、受験生に寄り添ったものとなっています。

各都県の「2021入試」の特徴は

大学入試定員厳格化で附属校人気急騰の東京

都内の私立高校では、一般入試で「大学附属校人気」が突出しています。２０２０年度入試では、MARCH（明治大、青山学院大、立教大、中央大、法政大）の附属校のなかで、中大高、中大杉並、明大中野、青山学院、明大中野八王子で受験者が１００人以上増えています。倍率では、中大杉並が２・６倍→４・０倍に、明大中野八王子は４・２倍から５・６倍に。

早慶でも、早稲田実業の女子枠は合格者数の削減などで４・２倍→５・０倍に上昇しています。ほかの附属校では、日大櫻丘、東洋大京北、武蔵野大高、東海大高輪台などで受験者が急増しました。近年、私立大学への進学が入学定員の厳格化などで厳しくなっていることや、大学入試改革（２０２１年度より）への不安感が「附属校人気」の背景にあると考えられます。

神奈川で注目となっている筆記一本のオープン入試

「書類選考」が受験生を集めている神奈川の一般入試（2月）には「オープン入試」という制度もあります。内申を使わずに本番のテスト（筆記試験）で合否を決める方式です。

２０２０年度入試では、オープン入試実施校は30校に増え、今回も日本女子大附属などが参入します。〝内申勝負〟の併願制度で確保する学校より「入試学力で『上』を狙いたい」といった場合は、オープン入試で挑戦するのも一策です。

埼玉では入試初日から短期間で合否の決着がつく

埼玉の私立高校では、入試は1月22日以降に実施されます。東京、神奈川の私立のような「推薦」「一般」といった日程区分はありません。

例年、この「初日」（1月22日）からの数日間に大半の県内私立が併願入試（併願推薦）を複数回行っており、この1月の併願入試に受験生の側も集中するという図式が定着しています。

前期入試に集中する千葉 今回もますます前期拡大

千葉の私立高校入試は「前期・後期選抜」の枠組みです。２０２１年度での日程は、前期は1月17日以降、後期はこれまでよりも10日遅くなり2月15日以降に行われます。これは県内公立高校入試の「1本化」で日程も変わることへの対応です。

ただ、千葉の私立高校の大多数で定員が前期に偏っており、後期の枠は狭くなっているのが最近の実状で、県内私立高校全体では、２０２０年度では前期の定員比率が96％にのぼり、後期はわずか4％でした。

こうして後期の募集を取りやめ「前期のみ」の高校がかなり増加し、２０２０年度は、新たに上位校の市川、昭和学院秀英が後期を廃止し、県内私立高校53校のうち26校が後期を実施しませんでした。

さらに２０２１年度入試では、上位校の専大松戸、日大習志野、千葉日大一なども後期を廃止します。受験者数も、前期へ大幅にシフトし２０２０年度で私立高校応募者数のうち、前期が占める割合は約97％にのぼりました。このように、千葉の私立高校入試は「前期決戦」の傾向が非常に強くなっています。

コロナ禍の影響から

直前まで落ち着かぬ入試に

首都圏公立高校入試展望2021

安田教育研究所 代表　安田 理

公立高校もそれぞれ感染対策を施し入試に突入

このコーナーでは、安田教育研究所の安田理代表による「首都圏公立高校入試展望」をお届けします。また、各都県の教育委員会は新型コロナウイルス感染症予防の観点から、例年とは異なる対策を発表しています。なかでも東京、神奈川では、出願を窓口持参ではなく各公立中学校がまとめて郵送する方式に変更することを、32、33ページでお伝えしていますが、**【以下速報】**本誌締切直前の12月9日、埼玉も県立と川口市立の高校で同様の方式に改めることを発表しました。ただ、さいたま市立、川越市立の高校では入学選考手数料を窓口で支払う必要があるため、従来通りの窓口出願です。このほか「特例追検査」の新設（3月12日）など埼玉・新情報もあります。詳しくは埼玉県教育委員会のHPをご確認ください。千葉公立については未発表です。《一連の情報は12月10日現在》

東京都立高校入試展望2021

新型コロナウイルス感染症予防のため、都立高校の推薦入試では集団討論がなくなります。一般入試では休校による学習の遅れに配慮し、学力検査の出題範囲が一部削除されます。志望ではコロナ禍で受験生の安全志向、近場志向、郊外志向が強まりそうです。ここではまず、今回の入試で変更される事項を中心にみていきます。

推薦入試での集団討論は中止　その影響はどう出るか

新型コロナウイルス感染症への予防策として、２０２１年度の都立高校推薦入試では集団討論を中止することになりました。

集団討論は面接とセットで採点されるため、面接の配点を減らし作文・小論文の配点を増やす高校が多数あります。

都立高校の推薦入試は、不合格者が多数出るため、このところ敬遠傾向がめだって平均実倍率は下降傾向にありました。が、「集団討論がなくなるのなら受けやすい」と考える受験生が増えるかもしれません。

学力検査範囲を一部削除も　学力としては絶対必要部分

休校措置による学習の遅れを配慮し、都立高校一般入試の学力検査では出題範囲の一部を削除することが発表されています。

数学の「三平方の定理」や英語の「関係代名詞」等は重要な単元ですが、今回は出題されません。

しかし高校に進めば、今回出題されない単元であっても、「理解していること」を前提に授業は進められます。

高校では中学より授業の進度が速く内容も難しくなります。入学直後から授業がわからず乗り遅れることのないよう、たとえ出題されることはなくても十分に習得しておきたいところです。

私立の学力検査は、①都立に準じ

る学校、②一定の配慮をする学校、③従来通りの学校、との3つに分かれます。

なお、都内公立中学校の全中学3年生を対象にしたプレテスト実施が予定されていた「英語スピーキングテスト」は1年先送りになりました。

中高一貫校の富士と武蔵が高校募集停止

2021年度は都内の中学卒業予定者数が2341人減り、7万3062人になる見込みです。これに対し、都立高校では受け入れを31クラス1220人削減し、3万9200人の募集となりました。

さて、中高一貫校の富士と武蔵が高校募集を停止します。中高一貫校の高校募集数は規模が小さく、また、一般入試の学力検査3科目が共通問題ではないので敬遠されることもあって定員割れになることもありました。

このほか、募集減員校では進学重視型単位制の墨田川が、定員割れした翌年に当たるため、反動で応募者が増えるのか注目されます。しかし、自校作成問題実施校でもあるので、安全志向が高まると実倍率の急上昇はないかもしれません。

都立では人気校が高倍率を維持する一方、定員割れ校も多く、2次募集数は1138人→1647人→1443人→1437人と1000人を超え続け、3年連続で3次募集も行われました。

私立高校では、定員割れでも不合格は珍しくありませんが、都立高校をはじめ公立高校では受検生が募集数を下回ると全員合格が一般的です。そうなると、学力が「負の連鎖」におちいってしまい、ますます人気がなくなる結果ともなりかねません。

コロナ禍での動向に変化は？私立志向さらに高まるか

寒くなるにつれ新型コロナウイルス感染者数が増えています。「満員電車は避けたい」と考える受験生も少なくないでしょう。家から近い高校を選んだり、都心より郊外を選んだりする動きがあるかもしれません。

経済状況への不安から公立志向が戻ってくる可能性もありますが、休校時のリモート授業等の対応の早さで評価を上げた私立の人気が上がりそうです。

就学支援金の充実で公私間の学費格差が緩和したことも「私立への流れ」に影響しています。

「早く進路を決めたい」となれば、日程の早い私立の推薦入試で安全策をと考えがちですから、私立志向がさらに強まることも考えられます。

神奈川県公立高校入試展望2021

2021年度の神奈川県公立高校入試では、休校による学習の遅れに配慮し学力検査の出題範囲が一部削除されますが、東京・埼玉よりは削除部分は多くありません。特色検査のなかでも「自己表現」を導入する高校が増えてから2年目となりますが、全体的には新型コロナウイルス感染症懸念の影響で、安全志向が強まる可能性があります。

学力検査は範囲を一部削除も重要単元は従来のまま

休校措置による学習の遅れに配慮し、神奈川公立高校入試の学力検査では出題範囲の一部を削除します。中学3年生で習う漢字や英単語は出題されません。しかし、都立高校と異なり重要な単元については、ほぼ削除されません。

出題範囲から削除されていても学習する必要がなくなるわけではありません。高校入学時には習得していることを前提に授業は進められますし、習得しておくべき学力として絶対に必要なものともいえます。高校で入学直後から授業がわからない状況を招かないよう、高校進学までにしっかり習得しておきましょう。

私立の学力検査では、東京同様、①公立に準じる学校、②一定の配慮をする学校、③従来通りの学校と3つのタイプがあげられます。

人口減少率上回る募集数削減 前年の欠員募集増大も一因か

2021年度の神奈川の公立中学卒業予定者数は前年より1955人減の6万5126人と見込まれています。

それを受けて公立高校では前年より1550人減の4万2279人を募集予定です。人口減少の割合3・0%を上回る3・7%の削減です。

2020年度入試で欠員募集数が前年の615人から1071人に増えていたことも影響しているのでしょう。だからといって平均実倍率が上がる可能性は低いと思われます。

市立川崎普通科が募集停止 完全中高一貫校に

定員削減校の多くは実倍率が低い学校や定員割れ校です。

それとは別に、市立川崎が募集を停止し完全中高一貫校になります。1クラス募集と規模が小さいため全体的な影響は少ないでしょう。

神奈川総合の個性化コースも1クラス削減されますが、逆に舞台芸術科が1クラス新設されます。この学科は県内の公立高校で初めての設置です。募集規模は小さいですが、東京都立をはじめ他県にある同種の学科は、つねに一定の人気を集めています。高倍率になることも考えられますので要注意です。

コロナ禍影響もあり安全志向 私立高校志向の高まりも

新型コロナウイルス感染症予防の観点から、満員電車での通学を避けたいとし、近場や郊外の高校を志望する傾向は強くなりそうです。

横浜翠嵐や湘南をはじめとした学力向上進学重点校は人気が安定しているところが多いですが、10月下旬の進路希望調査結果では少し減少していました。進学重点校エントリー校も含め増えたのは、17校中6校（厚木、希望ケ丘、横浜緑ケ丘、多摩、鎌倉、平塚江南）でした。全体的には着実に合格できる高校を志望する安全志向が高まりそうです。

神奈川私立ではコロナ禍対応もあって書類選考の実施校や募集数が増えます。書類選考は調査書で合否が決まるため、学校に足を運ぶ必要はありませんし、早めに決まるメリットもあります。感染リスクを回避できることから利用する受験生も大きく増えそうです。

就学支援金制度の充実により、公私間の学費格差は小さくなっています。経済状況が厳しくなることが懸念されていますが、「私立は学費が高い」というイメージは薄れてきました。休校期間中のリモート授業をはじめとした対応のよさも評価されているところが多いので、私立志向は神奈川でも高まりそうです。

千葉県公立高校入試展望２０２１

千葉の公立高校では、２０２１年度から2回あった入試機会が一本化されます。また、休校期間の学習の遅れに対応し、学力検査の出題範囲の一部を削除します。とはいうものの、近隣他都県に比べると削除部分は少なく、ほぼ例年と同じともいえます。

前・後期廃止で実倍率は緩和も難関校、上位校人気は変わらず

千葉の公立高校入試は、２０２０年度まで前・後期の2回に分けて実施されていましたが、２０２１年度からは一本化されます。

5教科の学力検査と、面接や作文、自己表現など各校が決める学校設定検査を2日間かけて実施します。調査書の評定はこれまでと同様に9教科3学年の合計を使用します。

入試が一本化されるとどうなるのでしょうか。2回あった入試機会が一本化されるため、分散していた合格数が1回にまとまり、実倍率は緩和されます。

これに伴い不合格者数は減るので、新制度に対して不安感を抱く必要はありません。

ただし、難関校や上位進学校に人気が集中する状況は、これまで通り続くと思われます。それぞれの学校に対する対策を立ててしっかり準備することが大事です。

長引いた休校期間への配慮から、入試の出題範囲から削除される学力検査範囲は東京・埼玉より少なく、例年とほぼ変わりません。

入試機会の一本化で、公立高校入試日程が後ろ倒しされて、終盤の中学授業時間数が前年までより確保できるという判断もあるのでしょう。

37クラス分も募集数削減 二次募集数は１０００人超か

２０２１年度は千葉県内の中学卒業予定者数が２０５０人減り、5万１３７０人になる見込みです。これに対し、公立では１４８０人募集数を削減します。君津に統合される上総が2クラス減、八千代など1クラス削減する学校が34校です。

学区ごとに減員校（普通科）をみると、2学区の13校が最も多く、1学区の6校、3学区の3校、4学区の2校と続き、5、6、7、9学区で1校、8学区のみありません。

近隣他都県と同様、千葉でも欠員募集は増加傾向にあり、２０２０年度の二次募集数は９２７人で、前年の８７０人を上回りました。こちらでも私立高校志向の高まりが影響しています。今回は１０００人を超えるか、気になるところです。

都内の難関大附属と併願可能で 難関3校などの動きに注目

多くの減員校の難易度はさほど高くなく、定員割れ校も含まれています。最も減員校の多い第2学区では八千代、松戸国際、船橋啓明など13校が募集数を削減します。同じ学区内だけで５００人近い減員ですが、県立船橋や隣学区の県立千葉、東葛飾は定員を維持しています。ただ入試機会の一本化で実倍率は緩和するので、全体的に難化するほどの影響は少ないと思われます。

千葉公立高校の「千葉御三家」と称されることもある県立船橋、県立千葉、東葛飾の難関3校ですが、入試日程の変更によって都内の国私立難関大学附属校との併願が可能になります。

千葉公立高校では前期日程との重複により後期日程しか受験できませんでしたが、入試の一本化によって受けられるようになります。そのため、応募者数は増加するかもしれません。しかし、国私立大学附属校の合否結果が出たあと、出願辞退者もいるはずなので受験者数はそう大きくは変わらないと思われます。

入試制度が変更される初年度は前例のない不安から安全志向が高まるものです。難関上位校は一定のチャレンジ層がいるとしても、２０２１年度はコロナ禍への不安も重なり、より着実に合格できる高校を選ぼうとする傾向が強まりそうです。

「早く進路を決めたい」という理由から日程の早い私立を選ぶ受験生がさらに増える可能性もあります。

埼玉県公立高校入試展望２０２１

埼玉でも休校期間への配慮から公立高校入試の「学力検査」の出題範囲が一部削除されます。なかでも埼玉は他の首都圏1都2県と比べて削除範囲が最も広いので、このあとどのような影響が出てくるのか注目したいところです。学校選択問題実施校は、その数は21校のままですが、川口市立が新たに導入し、春日部女子が共通問題に戻します。

学力検査の削除範囲は最多で試されるのは中2までの内容

埼玉でも休校措置に配慮し、埼玉公立高校入試の学力検査では出題範囲の一部を削除します。数学の「三平方の定理」「中心角と円周角」などや英語の「関係代名詞」「間接疑問文」など、重要な単元も含まれます。1都3県で最も削除される単元が多く、中2までの学習内容を中心とした出題が増えそうです。

一方、私立高校の学力検査では高校によって対応は異なります。しかし、公立ほどは削除せず一定の配慮をした出題が多くなりそうです。

川口市立が学校選択問題導入 春日部女子は共通問題に戻る

埼玉では数学と英語の2科目についての学力検査が、共通問題と学校選択問題の2種類に分かれています。

２０２１年度に学校選択問題を実施するのは、県立浦和、浦和第一女子、大宮などの難関上位校をはじめとした21校です。２０２０年度の実施校と比べると春日部女子がはずれ、川口市立が加わります。

学校選択問題では、記述も含め応用問題が中心に出題されますが、出題範囲から削除される単元に変わりはありません。

川口市立は中学開校で募集減 伊奈学園、春日部女子も減員

２０２１年度の中学卒業予定者数が１４４９人減る見込みに対し、公立全日制高校の募集数は８４０人削減されます。減員が大きいところでは、２０２１年度から附属中学を開校する川口市立が、中学定員分の80人を削減します。こちらは人気校だけに実倍率が上がりそうですが、学校選択問題を導入するので一部敬遠する受験生が出そうです。

春日部女子も1クラス減員しますが、共通問題に戻すので定員割れした前年よりも実倍率は上がりそうです。伊奈学園総合、熊谷西も1クラス減となりますが難度への影響は低そうです。

減員校20校のなかには定員割れ校や低倍率校もあり、近隣他都県と同様、増加傾向にある欠員を減らそうとしているように感じます。

コロナ禍模試の信用度が薄れ 高まる埼玉での私立高校志向

公立各校の募集数公表前に実施された10月の進路希望調査での高校進学希望者は微減でした。公立希望者数は減少し、県内外の私立希望者数が増え続けています。就学支援金の充実で学費の公私間格差が緩和し、大学入試の難化や今後の入試制度変更への不安感が影響しています。

例年多くの県内私立では公開模試の偏差値を合否を決める目安としています。今年はコロナ禍で公開模試を会場で実施できない状況が続きました。自宅受験では公平性を保てないと判断した私立高校は会場での実施回数が減った分を配慮、これまでは模試2回の平均値だったところを1回分で可とするケースが増えました。また、特定の公開模試のみ対象としていた高校でも、地域ごとに実施される実力テストや他業者の模試も目安とするなど、ハードルを下げるところも増えています。

コロナ禍による休校期間に遠隔授業をいち早く実施し、授業の遅れを最小限に止めていた多くの私立高校が評価を上げてもいます。

埼玉では1月下旬に合否の多くが決まる私立高校に対し、公立は3月8日が合格発表と遅くなっています。

コロナ禍への不安から「早く進路を決めたい」と考える受験生や保護者が増えていることも、私立高校志向を高めているといえます。

入試が間近に迫ったいま、具体的にどんな勉強をしたらいいか教えてください。

塾の先生が言うには、「直前期はあまり難しい問題は解かない方がいい」そうなのですが、勉強しないのも不安になって落ち着きません。もうすぐ入試と考えただけで緊張してきますし、なんだか無性に焦ってしまいます。

（神奈川県横浜市・KM）

おすすめは復習を中心とした弱点の補強ですが、個人差があるので自分に必要な勉強を見極めてください

まず入試が近づいて緊張するのは当然のことなので、あまり気にしない方がいいと思います。適度な緊張感がいい結果をもたらすこともありますから、健康に注意して気を引き締め、入試を迎えるという心がまえでいましょう。

さて、塾の先生が「あまり難問に取り組まない方がいい」と言ったのは、「難しすぎる問題に取り組むより、基礎・基本をしっかりと固めよう」という意味であって、決して「直前期は勉強しなくていい」という意味ではありません。直前期もこれまでと同じように勉強は継続すべきです。入試までの日数が少なくなっても焦る必要はないので、ゆったりとかまえて自分に必要な勉強を着実に進めてください。

では具体的になにを勉強すべきか。個人差もあるとは思いますが、塾の先生が言うように難問に着手したり、新しい勉強法を試したりするのではなく、復習を中心に、弱点を補強するような学習がおすすめです。

その一例としてあげられるのが、これまで解いてきた過去問のうち、自分が誤った問題をもう一度見直してみること。入試当日まったく同じ問題は出ないとしても、同じ傾向の問題が出る可能性は十分あります。それに、「もう一度解いてみて正解できなかった問題」は「自分の弱点」でもありますから、残り時間でその弱点を克服することができるかもしれません。

なお、本誌2ページからの特集では、入試当日までのアドバイスも紹介しています。こちらもあわせて参考にしてください。

新型コロナウイルス感染症の影響で、ネガティブになってしまっている子どもをどうサポートしていけばいいですか？

子どもが受験にとても不安を感じているようです。ただでさえ心配なのに、コロナ禍の影響もあり、かなりネガティブにもなっているような気がして、親としてどのようにサポートしていけばいいか悩んでいます。

（東京都文京区・IK）

困難な状況におちいっているのは周りの受験生も同じだと伝えたうえで、お子さんを明るく励ましてあげましょう

新型コロナウイルス感染症による影響は、様々なところから聞こえてきますが、とくに受験生にとっては深刻な側面もあると推察します。長期にわたる休校に加え、日常生活でも多くの制約を強いられてきているでしょうから、そのせいでお子さんがネガティブになってしまうのも理解できます。

ただ、これらの影響は特定個人だけを対象としたものではありません。受験でいえば全受験生が等しく影響を受けています。ですから、周りの受験生も自分と同じように不利益を受けているのだということを、会話のなかでしっかりお子さんに伝えるようにしてください。

ワクチンが普及しているわけでもなく、終息の見通しが立っているわけでもない現状で、ネガティブな感情を打ち消すのはなかなか難しいかもしれません。しかし、私たちは１人ひとりが地道な努力を継続することで、なんとかこのコロナ禍を克服しようとしています。お子さんもそうした時代の大きなうねりのなかで生きる一員なのだと自覚し、どんな状況になろうとも、前向きに生きることの大切さに気づいてほしいと思います。

大変な情勢のなかで高校受験を迎えることになってしまったのは不運ではありますが、こうした困難を乗り越えた先には、明るい未来が待っていると信じて、ご家庭ではお子さんを明るく励ましてあげてください。保護者の方のそうした姿勢が、きっとお子さんの大きな力になるはずです。

武蔵野《むさしの》大学《だいがく》附属《ふぞく》千代田《ちよだ》高等学院

東京　共学校

●東京都千代田区四番町11
●地下鉄有楽町線「麹町駅」・地下鉄半蔵門線「半蔵門駅」徒歩5分、JR総武線ほか「市ヶ谷駅」徒歩7分、JR中央線ほか「四ツ谷駅」徒歩10分
●03-3263-6551
●https://www.chiyoda.ed.jp/

推薦入試
1月22日(金)

併願優遇入試
2月10日(水)
※東京･神奈川在住者のみ

一般入試
2月10日(水)

問題

次の図のように，関数 $y=3x^2$ と関数 $y=ax+b$ のグラフが2点A, Bで交わり，点Aの x 座標は -2 である。直線ABと y 軸との交点をCとし，AC：CB＝2：1とする。このとき，次の問いに答えなさい。

ただし，円周率は π とする。

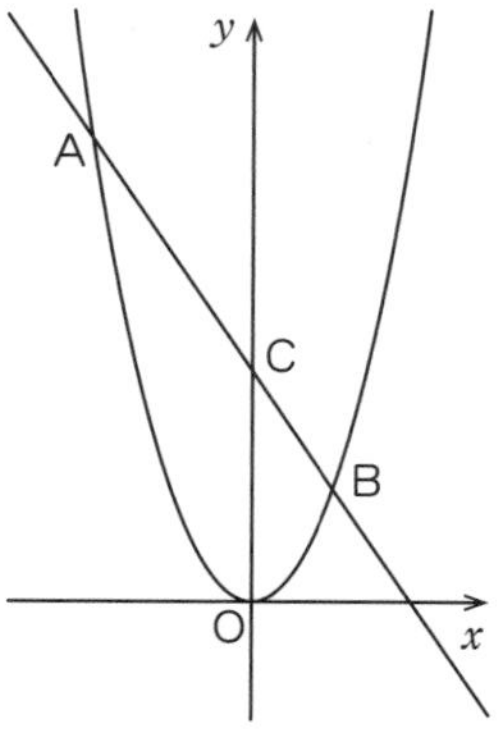

(1) 点Aの座標を求めなさい。
(2) a，b の値を求めなさい。
(3) 直線AB上に点Pがある。y 軸を回転の軸として，△OPCを1回転してできる回転体の体積が $\frac{8}{25}\pi$ であるとき，点Pの座標を求めなさい。ただし，点Pの x 座標は正とする。

解答　(1) A $(-2,\ 12)$　(2) $a=-3,\ b=6$　(3) P $\left(\frac{2}{5},\ \frac{24}{5}\right)$　(解答は弊社にて作成)

●千葉県柏市光ヶ丘2-1-1
●JR常磐線「南柏駅」バス
●04-7173-3700
●https://www.hs.reitaku.jp/

部活動見学･体験会 要予約
2月20日(土)　14:00～15:30

ミニオープンキャンパス 要予約
3月20日(土祝) 13:30～16:30

麗《れい》澤《たく》高等学校

千葉　共学校

問題

a，b を正の整数とする。分数 $\frac{b}{a}$ について，$a>b$ ならば $\frac{b}{a-b}$，$a<b$ ならば $\frac{b-a}{a}$ という分数を作る操作を考える。この操作をくり返し，分母と分子が同じ数になったら操作をやめる。例えば，分数 $\frac{36}{30}$ についてこの操作を行うと

$$\frac{36}{30}\xrightarrow{\text{操作}}\frac{6}{30}\xrightarrow{\text{操作}}\frac{6}{24}\xrightarrow{\text{操作}}\frac{6}{18}\xrightarrow{\text{操作}}\frac{6}{12}\xrightarrow{\text{操作}}\frac{6}{6}$$

となり，最後に $\frac{6}{6}$ ができて操作をやめる。ただし，この問いで扱う分数は，例えのようにすべて約分せずに考えるものとする。

以下の(1)～(6)の分数について，上の操作を行ったとき最後にできる分数を答えなさい。

(1) $\frac{5}{13}$　(2) $\frac{96}{72}$　(3) $\frac{315}{3528}$　(4) $\frac{2^6}{2^7}$　(5) $\frac{7\times3^5}{5\times3^5}$　(6) $\frac{2\times3\times5\times7}{11\times13\times17}$

解答　(1) $\frac{1}{1}$　(2) $\frac{24}{24}$　(3) $\frac{63}{63}$　(4) $\frac{64}{64}\left(=\frac{2^6}{2^6}\right)$　(5) $\frac{243}{243}\left(=\frac{3^5}{3^5}\right)$　(6) $\frac{1}{1}$

工《こう》学《がく》院《いん》大《だい》学《がく》附《ふ》属《ぞく》高等学校 東京 共学校

問題

Write about the topic below in English. You should write at least 5 sentences − one sentence to say your opinion, some sentences to support or explain your opinion, and a final sentence to restate your opinion in different words.

下記のトピックに関して英語で書きなさい。最低５文は書きなさい。自分の意見を１文書き、その意見を支持したり説明したりする文を数文書き、最後に違う言い方で自分の意見を再度書きなさい。

Topic:

Frank is writing a report about Japanese holidays. Write about an interesting Japanese holiday for him. Why do we have it? What do people do on that day?

解答例　Frank should try to write about Marine Day in July. This holiday was introduced because Japan is an island nation. The seas surrounding Japan give Japanese people a lot of benefits. To celebrate this holiday, some Japanese people go to the beach with their family or friends. Others go fishing. It may be interesting for Frank to write about Marine Day because Japan is the only country to have Marine Day as a national holiday.

●東京都八王子市中野町2647-2
●JR中央線ほか「八王子駅」「新宿駅」・JR八高線ほか「拝島駅」・京王線「北野駅」「南大沢駅」スクールバス
●042-628-4912
●https://www.js.kogakuin.ac.jp/

推薦入試
1月22日（金）

併願推薦入試
1月22日（金）
※埼玉県在住者のみ

一般入試
第1回　2月10日（水）
第2回　2月12日（金）

武《む》蔵《さし》野《の》大《だい》学《がく》高等学校 東京 共学校

●東京都西東京市新町1-1-20
●西武新宿線「田無駅」徒歩15分またはバス、JR中央線ほか「吉祥寺駅」「三鷹駅」「武蔵境駅」・西武池袋線「ひばりヶ丘駅」・西武新宿線「東伏見駅」バス
●042-468-3256
●https://www.musashino-u.ed.jp/

推薦入試
1月22日（金）

併願優遇・一般入試
2月10日（水）

問題

次の図は一辺２cmの正八角形である。次の問いに答えよ。

（1）対角線AFの長さを求めよ。

（2）正八角形の面積を求めよ。

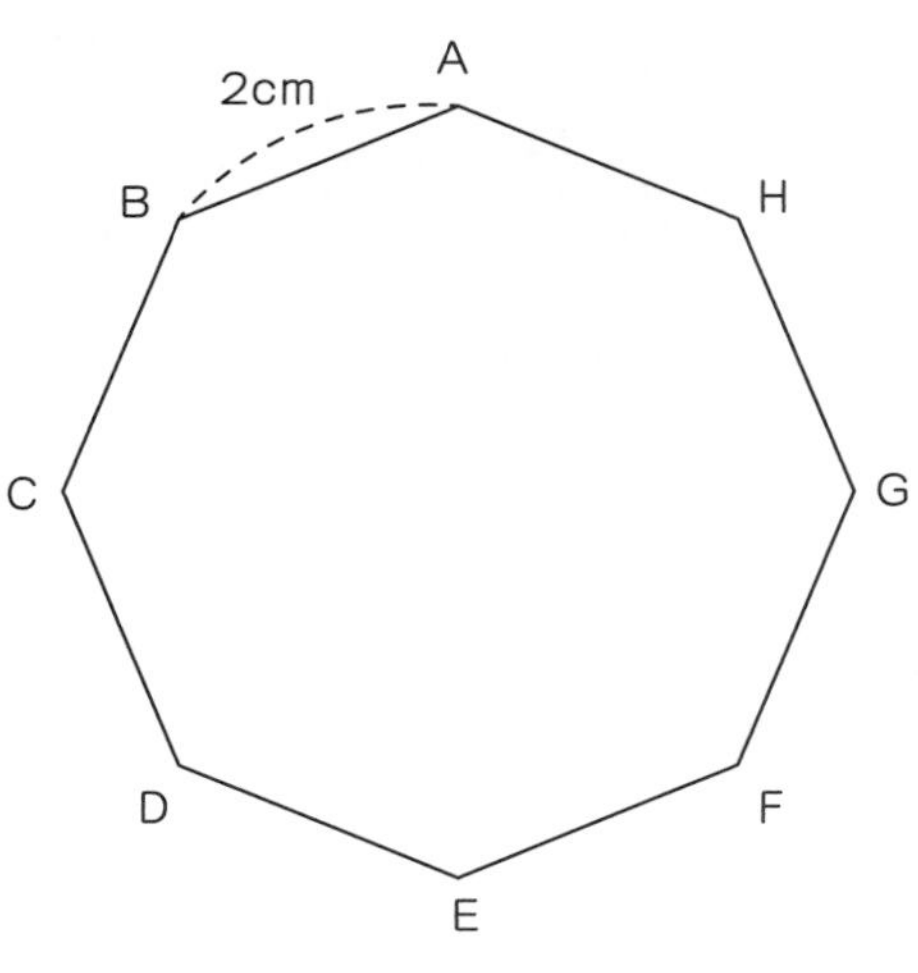

解答　(1)　$2+2\sqrt{2}$ cm　(2)　$8+8\sqrt{2}$ cm^2

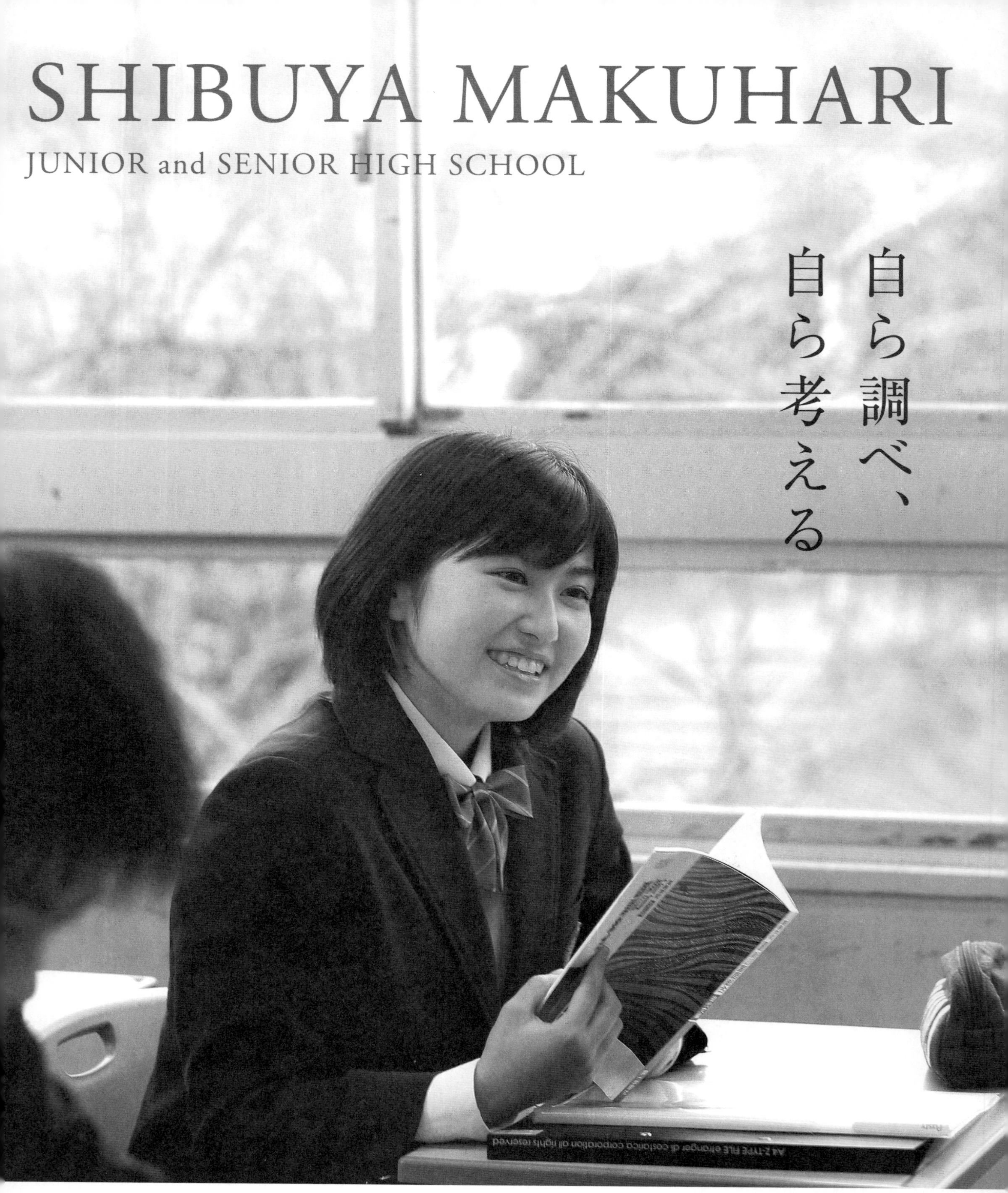
SHIBUYA MAKUHARI
JUNIOR and SENIOR HIGH SCHOOL
自ら調べ、
自ら考える

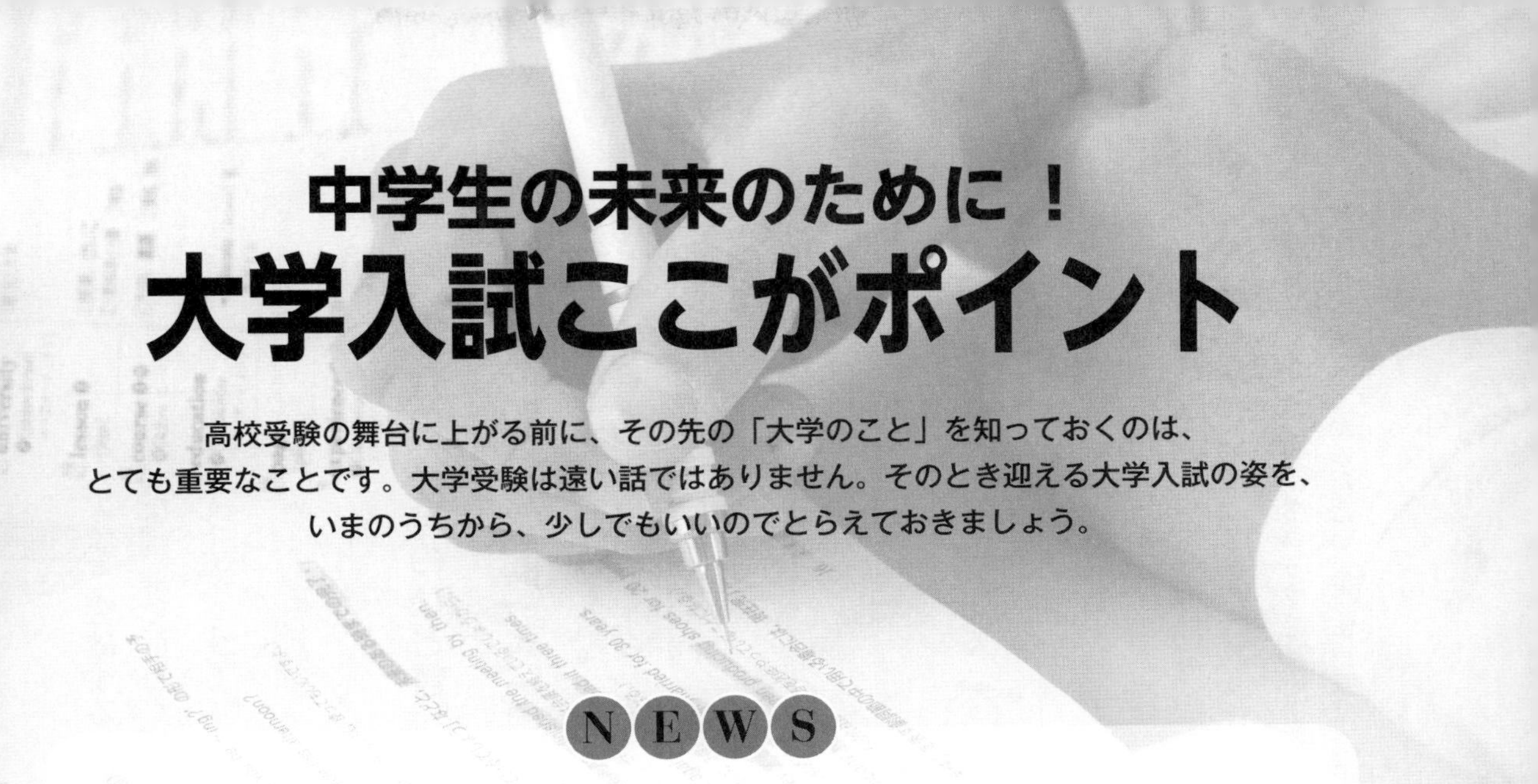

中学生の未来のために！

大学入試ここがポイント

高校受験の舞台に上がる前に、その先の「大学のこと」を知っておくのは、とても重要なことです。大学受験は遠い話ではありません。そのとき迎える大学入試の姿を、いまのうちから、少しでもいいのでとらえておきましょう。

中2生からの共通テスト改定はまだまだ確定せず

NEWS

英語スピーキングテスト 2025年導入は無理!?

大学入試センターの山本廣基理事長は11月27日の文部科学省の有識者会議で、2025年に刷新が予定されている大学入学共通テストについて、「英語でスピーキング（話す技能）テストなどを出題するのは無理だ」との見方を示した。

大学入学共通テスト（共通テスト）は大学入試センター試験の後継で、国公立大学をはじめ私立大学の多くで採用されている大学進学の第一関門。

この1月に初めて実施され、英語では「聞く・読む」の技能を測る。2022年度から高校の新学習指導要領が順次実施されるため、新指導要領で学ぶ現在の中学2年生が受験するタイミングに合わせて刷新が予定されている。

刷新に合わせ、共通テストの英語で「聞く・話す・読む・書く」の4技能を測る出題を求める意見もあるが、山本理事長は、面接官を確保する難しさや採点ミスへの懸念などに言及し、「課題の解決には相当の資金投入（が必要で）、時間がかかる。2025年の導入は無理だろう」と話した。

これらの課題が指摘され、ちょうど1年前に英語の4技能試験は頓挫して延期され、従来の2技能（聞く・読む）のみの試験のままとなっている。

課題解決などを柱とした「情報」の試作問題を公表

同じく2025年の共通テストから出題が検討されている「情報」について、大学入試センターは高校や大学関係者に向けて試作問題を示した。

プログラミングによる課題解決や、情報セキュリティーへの理解度などを問う内容となっている。同センターでは高校などから意見を聞いて、3月までに出題方針をまとめたい考えだ。

高校では、2022年度から実施される新しい学習指導要領で「情報Ⅰ」が必修科目となる。

教科書は現在、文部科学省が検定作業中。試作問題は関係者の意見を集める材料となる。

また、2025年の共通テストではコンピューターで出題・解答する方式（CBT）の導入は見送られる見通しで、試作問題も従来のマークシートでの解答形式となっている。

出題内容は、アルファベットでできた暗号の解読をテーマに、プログラムを完成させる問題のほか、決済サービスでの利用者確認で使われる2段階認証についての理解度や、動画のデータ量に関する基本的知識などを問う内容となっている。

プログラミングの問題では、各高校の授業で使うプログラミング言語が異なる可能性があるため、今回公表の試作問題では公平性を考えて架空の言語が使用された。

東大入試突破への現代文の習慣

東大入試を突破するためには特別な学習が必要？　そんなことはありません。身近な言葉を正しく理解し、その言葉をきっかけに考えを深めていくことが大切です。田中先生が、少しオトナの四字熟語・言い回しをわかりやすく解説します。

早稲田アカデミー教務企画顧問

田中としかね

東京大学文学部卒業
東京大学大学院人文科学研究科修士課程修了
専攻：教育社会学
著書に『中学入試 日本の歴史』『東大脳さんすうドリル』など多数。文京区議会議員として、文教委員長・議会運営委員長・建設委員長を歴任。

田中先生の「今月のひと言」

失敗したときこそチャンスです。原因の分析が学力を高めます。

今月のオトナの言い回し

罪を憎んで人を憎まず

「先生！　この答案で、どうして点数がもらえないのでしょうか？」教え子君からの相談です。模擬テストの記述問題で失敗したのだといいます。塾でも最上位クラスに所属する生徒です。普段から自信を持って学習を進めている様子は頼もしい限りなのですが、思い込みが激しいところもあって時々「やらかして」しまうことがあります。でも、そうしたときこそが本当の学力を身に付けるチャンスなのです。失敗したということは、確実に学ぶべきことが存在するというサインなのですからね。皆さんも、ぜひ発想を転換してみてください。「テストで失敗したら、これはチャンスなんだ！」と。

さて、相談内容です。物語文の読解になります。登場人物の行動理由を記述して説明するという問題です。「なぜ彼女は傍線部のような態度を示したのか、その理由を説明しなさい」といった形式ですよね。「答案は思うように仕上げられたのに……」と教え子君。それでも返却されたテストには「×」がつけられており、期待した点数どころか0点という記述の評価だったのです。「部分点もなしで、×というのが納得できません。」せっかく書いたのに0点が返ってくれば、そう思いますよね。でも×ということは「全否定」されてしまったわけです。何か致命的な失敗をしたのではないか？　と反省してみな

くてはなりませんよ。そして納得のできるまで原因を追究することが最も大切になります。もし自分で解決できないような場合は、必ず先生に相談をしてみることです。チャンスを逃してはいけません。

答案を見せてもらって了解しました。「ずいぶんと腹を立てているようだね……君が。」教え子君に話しました。答案の端々から「傍線部の彼女の態度」が許せないという気持ちが伝わってくるようです（笑）。あまつさえ「この女は」と、答案に書いてしまっています。感情的になってはいけませんよ。求められているのは「あなたの感想」ではないのですから。

物語のなかで登場人物がとる態度や行動には、人の感情を逆なでするようなものや、場合によっては不愉快にさせるようなものまで、さまざまな要素が組み込まれています。なぜならば、それが登場人物すなわちキャラクターの役割でもあるからです。読者の心情を揺さぶりたくてキャラクターを設定しているわけですからね。物語の作者にとっては、腹を立てている教え子君というのは、望みどおりの読み手であったといえるでしょう。しかしながら、国語の読解問題の作者（作問者）は物語の作者とは違います。物語のなかの出来事を題材として、テストという「客観的な評価基準」を作成しているわけですから。先入観（思い込み）や主観（個人の感想）を排して、登場人物の行動を判断しなくてはなりません。あくまでも、分析の対象となる客観的な判断材料として、登場人物の行動は扱われなければならないのです。「好き・嫌い」が入り込む余地はありませんよ。読み手は、登場人物の行動そのものと向き合うことが必須になります。客観的な事実は何であるのか？　という観点です。そこで教え子君に伝えたのが、今回の言い回しである「罪を憎んで人を憎まず」になるのです。

この言い回しの出典は中国の古典『孔叢子（くぞうし／こうそうし）』であるとされています。孔子の言葉として伝えられているものですね。「昔の裁判官は、罪を犯したことについては悪いことと認めたが、その人物自体を悪とすることはしなかった」というのです。ここから孔子の教えとして「人が犯した罪は憎むべきであるが、その罪を犯した人を憎んではいけない」という内容が示されています。

国語の読解に求められるのは、この「裁判官」の態度なのです。登場人物の行動を客観的に判断することは必要です。しかし、登場人物そのものを批判したり逆に賞賛したりするといった「人物評価」を行うべきではない、ということなのです。教え子君は気付きました。「あまりに気に食わない態度だったので、わざと『この女』という表記にしたことも、自分勝手な評価にあたるということですね。」その通りです。そうした主観的な判断には「×」がつけられることを、身をもって学ぶことができましたね。大きな成果といえますよ！

今月のオトナの四字熟語

感情移入

「エモいよね！　それって、かなりエモいよね！」大学も卒業間近な教え子君の二人組が訪ねてきてくれました。何でも小学校の同窓会が開かれたそうで（新型コロナウイルス感染拡大以前の話ですよ）、通っていた小学校の教室で車《くるま》座《ざ》になって椅子に座り、懐かしいメンバーと昔話に花を咲かせたそうです。その感想を伝えにきてくれたのですが、しきりに「エモい、エモい」と語り合っているのですよ。

子どものころから知っている教え子君たちですので、からかってやりました。「小学生のころなら『キモい、キモい』を連発していたと思うぞ。中高生の頃は『ヤバい、ヤバい』を繰り返してばかりいたしな。」すると「確かに！小学生からすれば大学生はオトナに見えますよね。そんなオトナが小学校の教室で椅子に座っていたら、キモい！って言われそうですね（笑）」と、冷静な分析です。そこで私も彼らに伝えました。「小学生ではまだ、エモいという言葉を使うこともないだろうからね。君たちが成長したということだと思うよ。」

「エモい」というのは若者の間で浸透している俗語です。感情が揺さぶられたり、予期せず感動したり、そんな場面で使われます。とりわけ心地の良い懐かしさに対して使うようです。「小学生が使わない」というのはそのためですね。「エモ」というのは英語の「emotional（エモーショナル）」に由来するとされており、「感情的な」という意味になります。

「エモい」という言葉を聞いたときに、思い浮かべたことがあります。それが今回のテーマである四字熟語の「感情移入」になるのです。例えば、真っ赤に染まった夕焼け空といった自然の景色を見て、「美しいなぁ」と感動した経験は皆さんにもあるのではないでしょうか。でも、どうして自然現象に過ぎないはずの光景が、精神的な内容となって人間の心に訴えかけてくるのでしょうか？　それは「対象への主観的な感情の投入」が起こっているからだと説明されます。何だか意味がよくわからないでしょうか？　要は、自然の景色に自分の感情が投影されることで一体感が得られるのだ、ということです。これを「感情移入」（異質なものへの共感）と呼ぶのです。

「異質なもの」というのは「自分と違うもの」ですよね。ですから当然、感情移入の対象は自分以外のものとなります。しかも、自分からは「遠くにあるもの」ほど、その効果は大きくなるのです。ドイツの詩人であるノヴァーリスは次のように言います。「距離をとることから、すべてのものは詩的になり、すべてのものはロマン的になる」と。手の届かないところにあるもの（雄大な自然の景色や、過去の出来事など）ほど、憧れは強くなるというわけです。感情移入もその分過剰になるのです。「エモい」が使われるのは、こんな場面であると考えられますね。

中学生の皆さんも「どんなときに使うのだろう？」と考察してみてください。その際に「距離」（空間的・時間的）を意識することが重要になります。これは物語文の読解にもつながってきますよ。「キモい」や「ヤバい」といった言葉よりも、よほど文学的に意味のある言葉だと感じられますからね。ただし、記述答案のなかで「エモい」を使うことはやめましょう。先ほども述べましたように、これは「俗語」に当たりますので。

新刊案内　受験生を持つ親に贈る グローバル教育出版の本

お父さん　お母さん
気づいていますか？
子どものこころ
淡路雅夫 著
Masao Awaji
子育てに「流《は》行《や》り」はない
どのような時代にあっても、子育てとは、子どもが主体的に生き抜いていく力をつけてあげること。そして「人間関係力」と「社会人力」を育んであげること。その基本は変りません。
グローバル教育出版

子育てのベテランがつづった

A5判　256ページ
並製　ソフトカバー
定価:本体2,000円＋税

●淡路雅夫 著

ISBN978-4-86512-118-6

お父さん　お母さん 気づいていますか？ 子どものこころ

娘の気持ち 息子のホンネ
気づいていますか

進学校の教員、校長として、いつも中高生のそばにいた著者が「子育てに流《は》行《や》りはない」という持論を幹に、ご父母に語りかけます。「これからの社会は、ますます子育てに正解のない時代になります。親は、子どもに寄り添いながら、自分の生き方も考えていかなければならない時代です。社会の一員として、新しい時代にふさわしい子どもの学力や社会的人材を育成する意識を持って、子どもを育ててほしいと願っています」……………………淡路雅夫

淡路 雅夫（あわじ　まさお）淡路子育て支援教育研究所主宰。國學院大学・同大学院修了。私立浅野中学・高等学校（神奈川県）の校長歴任後、大学で教員志望学生への教職アドバイザーを務める。講演、執筆活動を通して私学支援を行う。専門分野は子どもの教育・福祉を中心とした家族・親子問題。著書に『児童福祉概論』（八千代出版）、『人に育てられて生きる』（社会評論社）、『お母さんにはわからない思春期の男の子の育て方』（中経出版）、『先生! 子どもが元気に育っていますか?』（弊社）その他。

第1章 子どもの育つ環境が変わっていることに気づいて	**第2章** 親の生活格差の拡大と子どもの生活
第3章 子育ては、対症療法の指導から教育的対応の時代へ	**第4章** 伸びる子どもには、共通点がある
第5章 子どもに豊かなキャリアを	**第6章** 女性の時代と人生100年の学びを
第7章 子どもを育てるのは何のため	**第8章** 親が気づかない「子どもの心」

※第８章では、本書の半分のページを割いて、親が具体的に直面する、身近な課題、疑問など約30の問題について取り上げ、著者が「Q＆A方式」で答えます。あなたへの答えが、きっとここにあります。

ご注文ダイヤル ☎03-3253-5944　インターネットでの注文も承っております。http://www.g-ap.com/　グローバル教育出版

第一志望高校に合格し、さらに「東京大学現役合格」という目標も達成した先輩は、高校受験をどのように迎え、その後どんな学校生活を送ったのでしょうか。早稲田アカデミー大学受験部アシストスタッフの橋岡佑さんに、ご自身の高校受験・大学受験を振り返っていただきました。

アシストスタッフとは？

早稲田アカデミー大学受験部で、生徒からの質問対応や進路相談にあたる難関大学の現役学生スタッフ。

“両立できない”なんてない！ 早めのルーティン確立がポイント

高校入学と同時にサッカー部に入部。高校３年生の10月に引退するまでサッカーを続けました。ぼんやりと東大を意識し始めたのは、入学してしばらくたってからです。ぼくにとっての大きな課題は、部活と大学受験に向けた学習の両立でした。でも正直に言うと、「両立できないかもしれない」と不安に思ったことはありません。「無料春期講習会」のおかげで高校の学習をスムーズにスタートできたことと、高校生活と通塾を同時にスタートし、学習ルーティンを確立できたことが大きな自信につながったと思います。

皆さんのなかには、「大学受験に向けた学習は、高校生活に慣れてから始めよう」と考えている人もいるかもしれません。でも、一度リズムが決まった後で、何かを追加するのは大変だと思います。両立するといっても、全てを完璧に行う必要はありません。ぼくの場合、部活があるため学習できる時間は他の人より短かったはずですし、ときには宿題が提出できないこともありました。そんなときは「できないから諦める」ではなく、「しょうがない！」と前向きな気持ちで割り切るようにしていました。また、大学受験部の先生に相談し、「絶対にやるべきこと」をピックアップしてもらって取り組みました。

先生との距離が近く、生徒一人ひとりのことをしっかり理解したうえで指導してくれる、そんな早稲アカがぼくには合っていたんだと思います。

中学生へのメッセージ

高校受験には１つ、苦い思い出があります。実は、２月の私立高入試前に自分の不注意から風邪をひいてしまい、受験することができなかったんです。皆さんにはとにかく体調に注意して、万全の状態で入試に臨んでほしいです。

そして、憧れの志望校合格をつかんだ後も、気を抜かず今の学習習慣を維持してください。それは、部活をはじめ「自分がやりたいこと」に力を注ぐためでもあります。まず最初に、「絶対両立する！」と決めてしまいましょう！　うまくいかなかったときは立ち止まって考え、少しずつやり方を修正すれば大丈夫です。

高校受験に対しても、その先の新しい目標に対しても、振り返ったときに悔いが残らないよう、全力で駆け抜けてほしいと思います。自分を信じて、頑張ってください！

大学受験 基本のキ
番外編

早稲田アカデミー大学受験部

「無料春期講習会」のススメ

クラブ引退後の伸びで都立国立高合格！ 塾に行くのがとにかく楽しかった

中学１年生のときに早稲田アカデミーに入塾しました。でも、中学生のぼくが一番力を入れていたのは、受験勉強ではなくサッカーです。中学３年生の秋までクラブチームに所属し、とにかくサッカーに熱中する日々でした。そのため、受験勉強に本気で取り組み始めたのはクラブチームを引退してからで、他の人と比べると遅めのスタートだったと思います。

といっても、塾や勉強が嫌いだったわけではありません。早稲アカのクラスは和気あいあいとした雰囲気だったので、むしろ通塾するのが楽しみでした。ゲームのような感覚で、友達と過去問の点数を競い合ったこともあります。入試直前まで、塾へ行って友達と話をするのが息抜きでした。

東京大学　文科二類
橋岡《はしおか》 佑《ゆう》さん（都立国立高校卒業）

秋以降は成績が一気に伸び、第一志望校の都立国立高に合格することができました。ちなみに、都立国立高を志望した理由も、部活に力を入れている学校だったから。高校でもサッカーを続けることは、入学前から決めていました。

先生のすすめで 無料春期講習会に参加

合格した後、校舎の先生にすすめられたこともあって、友達と一緒に早稲田アカデミー大学受験部の「無料春期講習会」に参加しました。まず最初の「学校別講座」で、同じ高校に進学する仲間と勉強できたところが良かったです。実際、入学後に「無料春期講習会」で同じクラスだった人に出会って「あっ！」と驚くこともありました。また、学校で高１の冬ごろに学習する数学のポイントを教えてもらえたところも良かったです。その内容がすごく面白くて、数学が好きになりました。さらに、「学力別・志望校別講座」では、英・数・国の３科目で学校の授業の先取り学習ができたので、周りより一歩リードができたと思います。「学校別講座」でお世話になった数学の先生からのアドバイスに背中を押され、４月から早稲田アカデミー大学受験部に入塾しました。

新高1対象 **無料春期講習会**

早稲アカ DUAL 「対面授業」「双方向Web授業」からお選びいただけます

学校別講座 （数学）

3/1(月)▶20(土祝) のうち3日
(120分×全3回)

同日開催 学校別説明会

OB・OGの体験談をまじえながら、各高校の部活や行事、カリキュラムなどについて説明します。
※一部実施しない日があります。詳しくはページ右の二次元コードよりご確認ください

クラス	筑駒・開成クラス	都立日比谷クラス	筑波大附属クラス	学芸大附属クラス	都立西クラス	都立国立クラス
実施校舎	大学受験部　御茶ノ水校		大学受験部 池袋校	大学受験部 渋谷校	大学受験部 荻窪校	大学受験部 国分寺校

アットホームな雰囲気が魅力の 都市工学科 都市計画コースでの学び

今回は私がコラムを担当してから約1年経ったということで、所属する工学部 都市工学科 都市計画コースのことを紹介しようと思います。都市工学科は都市に関することならなんでも勉強するという学科です。そのなかで都市計画コースは「まちづくり」や「都市計画」などを中心に、建築学や地理学、社会学など幅広い分野について学ぶことができます。

以前もお話しした通り、東大は入学時点では学科は決まっておらず、全員が教養学部に所属します。そして2年生の夏に進学選択という制度で、各自の希望や成績を考慮したうえで学科が決まります。都市工学科は工学部ですが、数学や物理など「ザ・理系」の科目が必修ではないため、都市〝工学科〟という名ながら、数学嫌いの文系出身の学生も結構います（笑）。

このコースでは週3回、午後は全員演習に取り組むのが特徴です。2年後期は東大近くの根津という地区の小さな敷地で公園や住宅の設計を、3年前期はスケールアップして江東区・清澄白河の広大な敷地（3㏊）で集合住宅の設計を行いました。そして現在（3年後期）は東京も視野に入れた神奈川県横須賀市のマスタープラン（都市の様々な計画を提案するもの）をグループワークで作っています。

「人」を意識して様々な設計をする

設計と聞くと建築学部みたいですが、都市計画ではとくに人の存在を大切にします。建物1つ設計するときも、ただ見た目がかっこいい建物を作るのではなく、その地域の歴史や人の流れ、暮らし方を徹底的に調べたうえで、建物ができたあと、どんな使われ方をするのか、人々のにぎわいがどんなふうに生まれるのか、などを考えながら設計をします。

私は3年前期の演習では、清澄白河に森を作り、森を通じて様々な体験ができるような集合住宅の設計をしました。これは敷地付近に清澄公園や隅田川など、自然を楽しめるスポットが多いことに加えて、古きよき商店街やアーティストのギャラリーなど、多様な人が集まる場所もあることから、それらすべてをつなぐ役割として「森」を作ったらいいのでは、と思ったことがきっかけでした。

はろくまさんが設計した集合住宅の未来予想図

少し難しいと感じた方もいるかもしれませんが、旅行先で街並みを見て回ったり、街歩きをしたりするのが好きという人にはぴったりの学科だと思います。学科の同期にも旅行好きが多く、長期休みにみんなで日本全国の色々な土地

私の周りの東大生

主体性を持って受験勉強に取り組み東大合格を果たした1年生

教養学部文科Ⅰ類1年生Mさん

4月に東大に入学したMさんは愛知県出身で、高3の8月まで塾に通わず、9月以降通い始めてからも勉強の計画はすべて自分で立てていたという強者です。首都圏に比べて地方は塾が少ないこともあって、東大にはこういうタイプも意外といます。私は受験学年になる前から塾のお世話になっていたタイプだったので、自分で計画を立てる人はなにかコツを知っているのではないかと思い、話を聞くことにしました。

Mさんは中学生のころから、学校で習ったことをその日のうちに復習し、数学などで少し難しいと感じた部分は学校で配られたテキストで自主的に演習まで行っていたそうです。みなさんも先生から「復習するように」と言われたことがあると思いますが、なかなかそれを毎日継続するのは難しいですよね。彼女の場合、双子の弟と昔からテストの順位などで競争をしていて、それがモチベーションになっていたといいます。

高校時代は勉強に注力していた分、中学まで本格的に挑んでいた水泳の練習はできなかったそうですが、現在は私と同じ水泳部に入り、バタフライの選手として毎日楽しそうに練習しています。大学生活がオンラインから始まり、友達作りは大変だったそうですが、慣れない大学生活を実家からスタートできたことは心強かったと話していました。

目標達成までの道筋を自分なりに考える

そんなMさんに、「ずばり、東大合格の秘訣は？」と聞いてみると、「目標をきちんと定めて、そこに到達するまでの計画を早めに立てて、しっかり実行すること。そして、その日のうちにすると決めたことはきちんと終わらせること」と答えます。たしかにこれは、塾に通っている人にとっても大切なことだと思います。

塾に通う人のなかでも、それぞれ志望校は異なりますし、学力レベルや苦手分野も違います。そのため、自分に必要な勉強はなにかを分析し、合格までの道筋を考え、主体的に机に向かう姿勢が重要になるはずです。塾に通っていない人は、塾に頼らず自分で計画を立てなくてはいけないので、こうしたことをより重視する必要があるでしょう。

現在は法律に興味があり、法学部進学をめざしているというMさん。法律は社会で人々が暮らすために客観的な理論に基づいて作られたものだと感じて、これを学べば幅広い視野や論理的な考えが身につけられると思ったことが法律に興味を持った理由だと話します。1年生らしく元気いっぱいに充実した日々を過ごすMさんの今後に期待です！

はろくま
東大理科一類から工学部都市工学科都市計画コースへ進学した東大女子。趣味はピアノ演奏とラジオの深夜放送を聴くこと。

をめぐることもありました。

また、現在はコロナ禍によりオンラインで学んでいますが、以前は演習室のそれぞれの作業スペースで深夜まで設計や模型作成をすることもあったので、そこがみんなの居場所のようになっていました。教授たちもいっしょに雑談をすることもあって、本当にアットホームな学科です。

この記事を読んで少しでも「都市計画」に興味を持ってくれたら嬉しいです。そして、将来都市工学科の後輩になってくれたらもっと嬉しいです！

キャンパスデイズ

十人十色

学習院大学

法学部政治学科　4年生

勝山《かつやま》　美玖《みく》さん

落ち着いた雰囲気のなかで データ分析を中心に政治について研究

少人数だからこそできる 手厚い指導や学習支援

Q 学習院大学法学部を受験した理由を教えてください。

両親の影響で公務員をめざしていたので、公務員への就職率が高いといわれている法学部を志望しました。法学部を持つ大学はたくさんありますが、なかでも学習院大学を選んだのは、オープンキャンパスや学園祭に訪れた際、落ち着いた雰囲気で、自分に合っていると感じたことが大きな理由です。ほかにも、比較的小規模で学生数が少なく、ワンキャンパスで通いやすいところも魅力的だと思います。

Q 政治学科の特徴はなんですか。

学習院大学の法学部には法学科と政治学科があり、法学科には大学院に進んで法曹《ほうそう》（弁護士や検察官、裁判官など法律を扱う専門家）をめざす人が多いです。一方、政治学科では国際政治や社会学、メディアに関することまで幅広く学ぶことができ、就職先も様々です。私は法についてだけでなく、色々な分野に触れてみたかったので、政治学科を選択しました。

政治学科の特徴は、必修の講義が英語といくつかの基礎科目のみで、「学科や学部が設置している講義を○単位以上取る」というような規定はありますが、基本的には自分の興味に合わせて選択することが可能なところです。加えて、少人数でディスカッションやプレゼンテーションを行う演習が豊富で、1年生や2年生でも受講できるようになっています。

Q 思い出に残っている講義はありますか。

2年生のときに受けた「政治意識論」は、社会心理学（社会における個人の心理や行動の特性について研

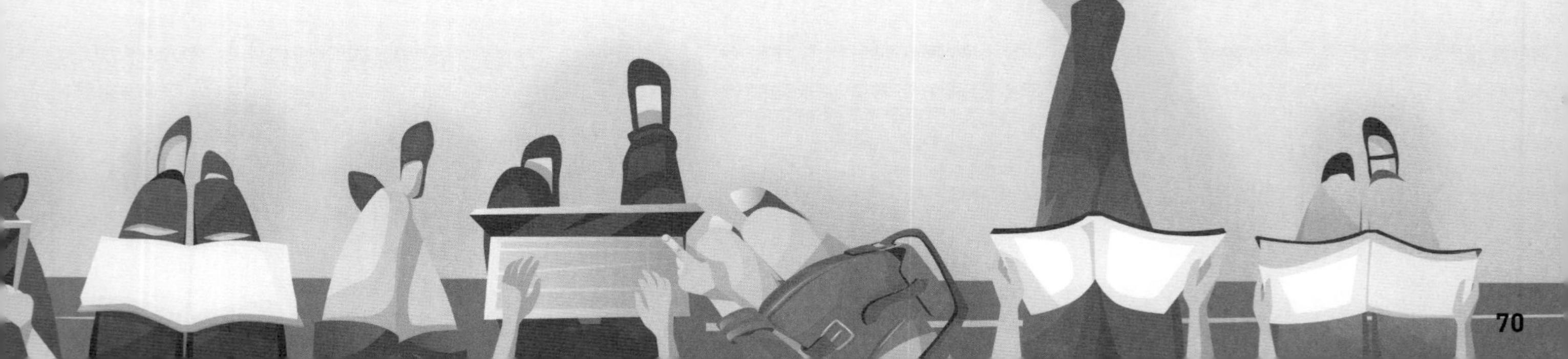

究する学問）にもつながるような内容で興味深かったので、印象に残っています。例えば、選挙の際に有権者がどんな考え方で政党を選んでいるのか、という調査の結果を分析し、それにはなにが影響しているのかなどを学びます。

その後、この分野に関連する社会心理学やマスメディアについての講義に参加し、ゼミでも同じ分野を専攻しました。インターネット投票が若者の投票率にどんな影響を与えるかについて、データを取って分析をしています。

もう1つ印象に残っている講義は、1年生の1学期（※）に受講した「国際政治」です。講義の流れとしては、国際政治にまつわる動画を見て、その解説を聞くのですが、動画は英語で作られているうえに字幕もなく、聞き取ってメモを取るのもひと苦労でした。配付されるプリントにも詳細な説明が載っているわけではないので、耳に入った単語をひたすら書きとめながら参加していました。

高校の授業とは内容もレベルも違い、大学では主体的に学ぶ姿勢がないとついていけないんだなと実感した講義です。入学したての時期だったということもあり、とにかく大変だったので記憶に残っています。

Q 就職活動はどのように進めましたか？

政治学科で幅広く学んだことで、一般企業への就職をめざすようになりました。3年生の12月ぐらいから就職活動を始め、面接がオンラインになるなど新型コロナウイルス感染症の影響で例年とは違った形になりましたが、早い時期から活動していたため、大きな支障はありませんでした。

就職活動に早くから意識が向いていた理由の1つは、大学のサポートがあったことです。学習院では例年、3年生で「面接対策セミナー」に参加します。卒業生が数百人集まり、学部生と15人程度のグループを作って、2日間朝から夕方まで面接の練習をするというものです。学習院は学生数が少ないこともあり、基本的に学年全員が参加できます。

こうした取り組みによって、「もう就活を始めないといけないんだな」と思わせてくれた部分は大きいと思います。

Q 読者にメッセージをお願いします。

中学生の間は、どの科目においても基礎事項をまんべんなくわかるようにしておくこと、勉強のほかに打ち込めるものを見つけることが大切だと思います。こうした積み重ねが、高校受験、大学受験と自らの進路を考えるうえで、選択肢を増やすことにつながっていくはずです。

TOPICS

英語の得点アップには単語と文法が重要

中学、高校とずっと英語が苦手で、最初はなにがわからないのかもわからないような状態でした。ただ、理系・文系どちらに進むにしても、英語は必要な科目です。高2から重点的に勉強を始め、大学受験をするころには一番点数が取れる科目に押し上げることができました。

そのために大切なのは、まず単語をきちんと覚えることです。通っていた予備校では毎週、英語の授業のときに小テストがあったので、その範囲を徹底して覚えるようにしました。加えて、長文読解などではどんなに短く、簡単な文であっても、文法を意識して細かく分析します。こうして基礎を丁寧に固めることで、英語の得点が安定しました。

※学習院では1学期、2学期の2期制を採用

成人式では実行委員を務め、当日は司会も担当しました。

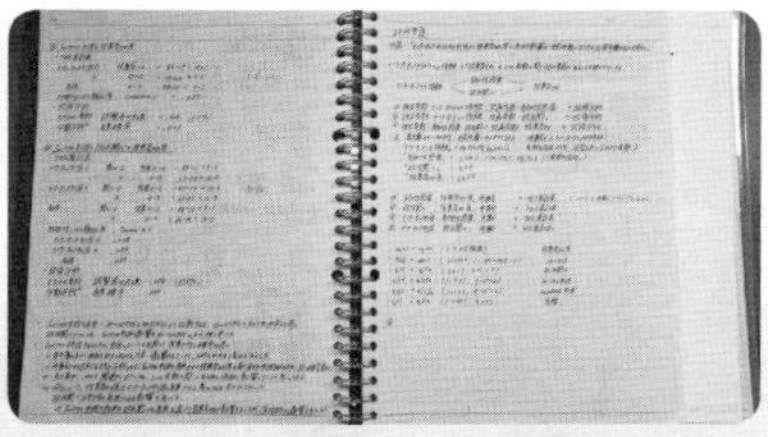

ゼミで取り組む研究について、前年の内容をまとめているノートです。データ分析をメインに若者の投票率について調べました。

大学では4年間バレーボール部で活動。練習時間は確保しつつも、講義と両立することを心がけていました。

その研究が未来を拓く

研究室にズームイン

国立研究開発法人 森林研究・整備機構
森林総合研究所 野生動物研究領域 鳥獣生態研究室
川上《かわかみ》和《かず》人《と》 先生

小笠原諸島の海鳥に関する研究

中学生のみなさんにはあまりなじみがないかもしれませんが、日本には数多くの研究所・研究室があり、そこではみなさんの知的好奇心を刺激するような様々な研究が行われています。このコーナーではそんな研究所・研究室での取り組みや施設の様子を紹介していきます。今回登場するのは、小笠原諸島で海鳥の生態調査や保全を行う森林総合研究所の川上和人先生です。

写真提供　川上和人先生

川上《かわかみ》 和人《かずと》

東京大学農学部林学科卒業、同大学院農学生命科学研究科中退後、国立研究開発法人 森林研究・整備機構 森林総合研究所に入所。2007年から主任研究員となる。著書に『鳥類学者 無謀にも恐竜を語る』『鳥類学者だからって、鳥が好きだと思うなよ。』（ともに新潮社）など。図鑑の監修も行う。

無人島の発展には海鳥《うみどり》の存在が欠かせない

スズメやカラス、ハトなど、我々の周りには、色々な種類の「鳥（鳥類）」が生息しています。今回紹介するのはそんな鳥について専門的に研究する「鳥類学者」の1人、森林総合研究所の川上和人先生です。先生は「研究の楽しさ、おもしろさを多くの人に知ってほしい」という思いから、執筆活動やテレビ番組への出演なども精力的に行っています。

ベストセラーとなった『鳥類学者だからって、鳥が好きだと思うなよ。』（新潮社）を読んだ人、テレビ番組で先生の姿を見た人もいるかもしれませんね。

川上先生によると「鳥類学者」といっても、対象とする分野（生態、行動、遺伝、進化など）や鳥の生息環境（市街地、飼育下、南極など）は様々で、それだけ幅広い研究がなされているそう。そのうち先生が最近おもに扱っているのは「小笠原諸島に生息する海鳥」です。

「海鳥は長距離を自由に飛べるのに、島に住みつくものもいます。不思議ですよね。なぜそこにたどりつき、定住し、繁殖、または絶滅したのか、生物の分布について研究する『生物地理』の観点から、海鳥の生態や進化の謎を解き明かすことをめざしています。

〝森林〟総合研究所と、〝海〟鳥は一見関係ないように思えますが、海鳥は海の生物を食べ、巣を陸地、つまり森林の一部に作ります。そして、フンには肥料となる栄養分（窒素、リン酸）が多く含まれているので、海鳥が排泄するたびに陸地には肥料がばらまかれている状態になります。それに海鳥が知らずしらずのうちに身体についた植物の種子を運んでいることだってあります。

このように森林にとって海鳥はとても重要な存在で、海鳥がいることで、島の生態系がどんどん発展していくんです。島がどう変化してきたか、そこで海鳥がどんな役割を果たしてきたか、それらも研究テーマの1つです」（川上先生）

そんな海鳥の研究には現地調査（フィールドワーク）が欠かせませんが、小笠原諸島の多くは無人島のため、ジャングルを踏み分けながら進んだり（！）、断崖絶壁をよじ登ったり（！）、大量の虫の襲来に耐え忍んだり（！）と、まるで探検家のようなフィールドワークをこなす川上先生。なかでも印象深い島の1つに「西之島」をあげられます。

噴火してラッキー!? 西之島での調査とは

川上先生が1995年に初めて上陸した西之島は、国内有数の海鳥の繁殖地だったといい、10年に1度上陸調査を行おうと考え、2004年に再上陸。そのまた10年後に再々上陸を考えていた矢先の2013年、なんと西之島が噴火します。

繁殖地は溶岩に飲み込まれてしまいますが、溶岩によって新たにできた島の様子を以後6年にわたり観察

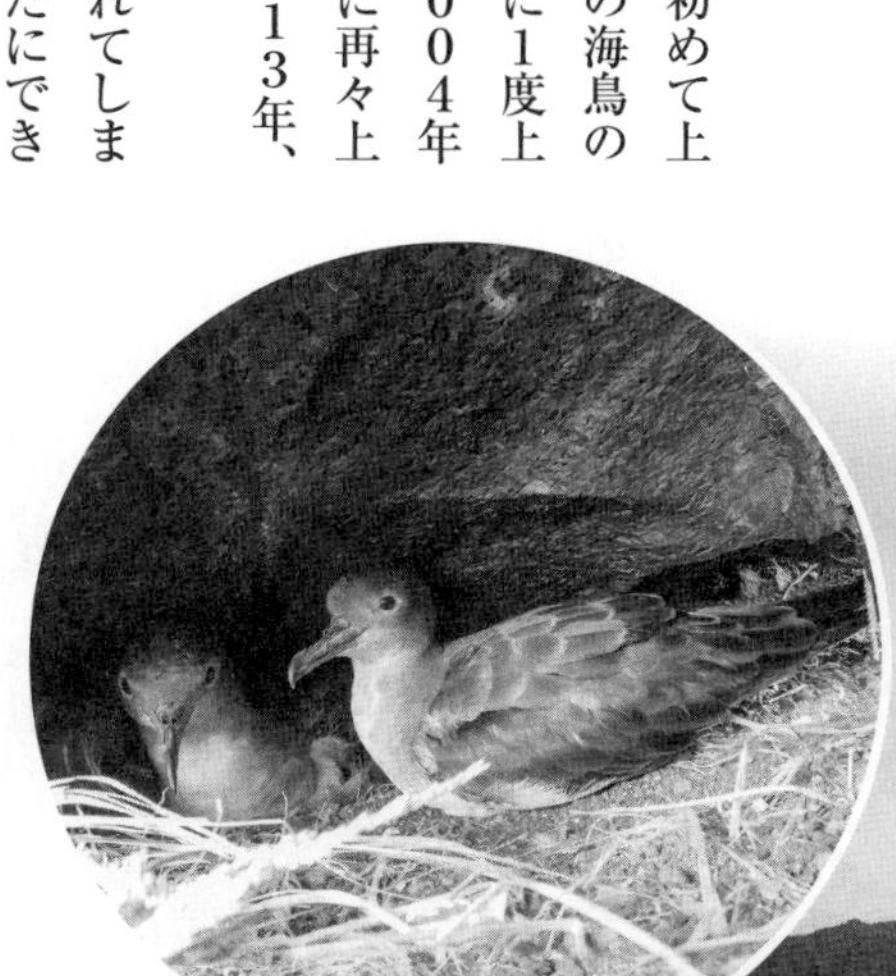

西之島に生息するオナガミズナギドリ

西之島遠景。2013年の噴火によって流れた溶岩が旧島を飲み込み、新たにできた島（新島）の面積は旧島の約12倍となりました。中央手前に植生の残る旧島が見えます。

西之島に設置した自動撮影カメラ（←）と自動録音機（↑）

噴火を繰り返す西之島は、ご覧のように溶岩だらけです。矢印のあたりに人がいるのがわかるでしょうか。川上先生たちは調査を行うために溶岩にも登ります。

2019年の西之島の調査は「令和元年度西之島総合学術調査事業（環境省）」により行われました

してきた川上先生は、２０１９年に西之島を再訪し、調査機器を現地に運びました。しかしその翌年（２０２０年）、再び西之島が大きく噴火し、運び込んだ調査機器がすべて埋まってしまい……。悲劇に見舞われてさぞ落胆したのではと思いきや「心の底からラッキーだと思いました！」となぜか、にこやかな様子の川上先生。

「島がどう変化してきたか紐解くといっても、普段の我々ができるのは、現在の生物相を見て過去を推定するような間接的な方法ですから、あくまで推測の域を出ません。ところが今回のように繁殖地が消滅した場合は、変化の様子をゼロから見届けることができるわけです。

しかも、噴火に立ち会えたのが２度というのも大きなポイントです。研究では信頼性を高めるために、同じ条件で何度も実験を繰り返してデータをとることが重要ですが、噴火のようなダイナミックな事例はなかなか起こりません。それが噴火から繁栄のプロセスをもう１回見られるなんて……。世界でも珍しいことが自分の調査地で起こるとは、こんなに嬉しいことはありません。

それに大量の溶岩によって面積が広がることは、繁殖地の拡大にもつながるので、島にとってもメリットがあります。一般的にマイナスのイメージが強い噴火ですが、鳥や研究者にとってはプラスの側面も大きいのです。私の研究人生においても、非常に特別な調査地になりました」と話されます。

ただし、島が変化するスピードはとても緩やかなため、川上先生が調査に携わる今後約20年では「植物が数種類定着するくらい」だといいます。その後、後進の研究者たちが、１００年、２００年、さらには１０００年、２０００年と、西之島の変化を見届けることになります。

技術の進歩によって次々と解明される謎

では、そうしたフィールドワークでなにが大変なのかを伺うと、「天気に左右されること」と川上先生。例えば「絶海の孤島」と呼ばれる南硫黄島は、直接船が着岸できないため、小型船で島に50ｍの距離まで近づいたら、そこからは自力で泳いで上陸します。

そのため海が荒れていれば上陸自体を断念せざるをえないのです。万全を期すためにプロのダイバーに同行をお願いするそうですが、それでも天気が悪ければ無理はしません。

南硫黄島

島自体が保全地域として立ち入りが厳しく制限されている南硫黄島。原生状態を保つために、調査器具の消毒、調査隊員自身も種子のある植物を上陸1週間前から食べないなど、徹底した準備を行います。
都内島しょ部で最高峰の標高を誇り、断崖絶壁に囲まれているのも大きな特徴です。川上先生もこのような装備で登頂に臨みます。

南硫黄島に生息するセグロミズナギドリ

事故が起こると研究自体に悪影響をおよぼしかねないからです。それはほかの島でも同様です。

「無人島はそれだけたどりつくのが大変で、人があまり足を踏み入れていない土地だからこそ、謎がまだまだたくさんあります。一方、街中にいるスズメやカラスは研究しやすい分、すでに多くの人が研究しているので、新しい発見をするのが難しいとされています。

どちらにもそれぞれメリット・デメリットがありますが、私は未開の地に行って新たな発見をすることに魅力を感じるタイプなので、無人島での調査が楽しいですし、苦労を乗り越えた先にどんな発見が待っているのかと思うと、毎回ワクワクしています」（川上先生）

さて、新たな発見といえば、近年は技術の進歩により、鳥類の謎が続々と明かされています。

例えば、外見が似ているハヤブサとタカ。昔は鳥の形にたよって系統を分類していたので、両者は同じ系統に属する鳥だと思われていましたが、DNAの分析を進めると、ハヤブサはインコの仲間だということがわかりました。これには川上先生も「まさかハヤブサとインコが仲間とは……!」と驚いたそう。

ほかにも、かつては渡り鳥がどのような経路で移動しているかを知る術はありませんでしたが、現在は大型の鳥にはGPS装置をつけてリアルタイムで位置を計測、小型の鳥にはジオロケーター※を取りつけて後ほど回収することで、渡り鳥のルートの解明を進めています。

鳥の祖先が恐竜だと判明したのも、近年の話です。それまでは恐竜以外の爬虫類から進化した説もありました。しかし、ティラノサウルスの「骨」の化石の成分の分析や、鳥の指の骨の発生の研究など様々な証拠から、鳥と近いことがわかったのです。

川上先生によると「骨」も重要な情報源になるといいます。鳥が別の生物に食べられると、羽毛や筋肉は体内で消化されますが、骨は消化されずにフンとともに排出されます。その骨から鳥の種類はもちろん、生存時の行動や食事の内容まで知ることができるのです。そのため古い骨の収集も重要視しています。

「このように技術の進歩によって、様々な謎を紐解いていけるのがとてもおもしろいです。ただし私はこういった分析作業が苦手なので（笑）、得意な同僚に頼むことが多いです。研究者にも得意分野と苦手分野があ

※光センサーによって日の出・日の入りの時刻を記録する小型の装置。のちに装置を回収して緯度・経度のデータを得ることができる

るので、それぞれの得意分野を活かしながら、共同研究という形で、様々な成果を世に発表しています」（川上先生）

小笠原諸島ならではの貴重な出会いも

さて、川上先生が初めて小笠原諸島を訪れたのは大学3年生のとき。

小笠原諸島に生息するメグロ

生物サークルでバードウォッチングをしていたことから、卒業論文の題材を鳥に決めた先生は、のちに恩師となる鳥類学者の樋口広芳先生のもとを訪れた際、「小笠原諸島でメグロの調査をしてみないか」と、打診されたそう。それが、川上先生と小笠原諸島との出会いでした。

「林学科に在籍していたこともあり、最初は植物を研究しようと考えていたくらいですから、小笠原諸島がどこにあるか、メグロがどんな鳥かも知らず……。そのため最低限必要な調査をしたあとは、泳いだり釣りをしたりと、正直、島の生活自体を楽しんでいたところがありました（笑）。小笠原諸島が初めての調査地でしたから、どれだけ特殊で研究しがいのある島か、わかっていなかったんです。

しかしそこから10、20と色々な島での調査に携わっていくうちに、この島にいる鳥があの島にいないのはなぜだろうと、疑問がどんどんわいてきたんです。その疑問を解き明かしたいと、いつしか研究自体におもしろさを見出すようになっていきました」と語る川上先生。

そんな小笠原諸島と本土を結ぶ定期船は週に1便しかないため、研究者同士が同じ船に乗りあわせることも多く、そこで様々な分野の研究者と出会い、仲を深め、共同研究をすることもあるそうです。

その一例としてあげてくれたのが、カタツムリの研究者との共同研究です。鳥のフンに混ざっていたカタツムリの殻を見つけた川上先生は、カタツムリの研究者にその種類を聞きに行きました。すると、その方が「そもそも中身が消化されずに残っているのでは」というのです。

「詳しく調べてみると、たしかに鳥に食べられても15%ほどは消化されずに生き延びて排出されることがわかりました。この事実が判明したことで、カタツムリ自体の移動距離は短いのに、鳥に食べられて生きたままフンとして出てきたカタツムリが、各地に分布を広げているのでは、という新しい説が生まれました。別の分野の研究者との交流は、このように互いにとっていいことがたくさんあります」（川上先生）

絶滅を防ぐために全力を尽くしたい

ここまで読んで、鳥についてもっと知りたいと思った人もいるのでは？　そんな人におすすめなのが、「鳥同士を比較すること」です。川上先生は、「私が小笠原諸島の

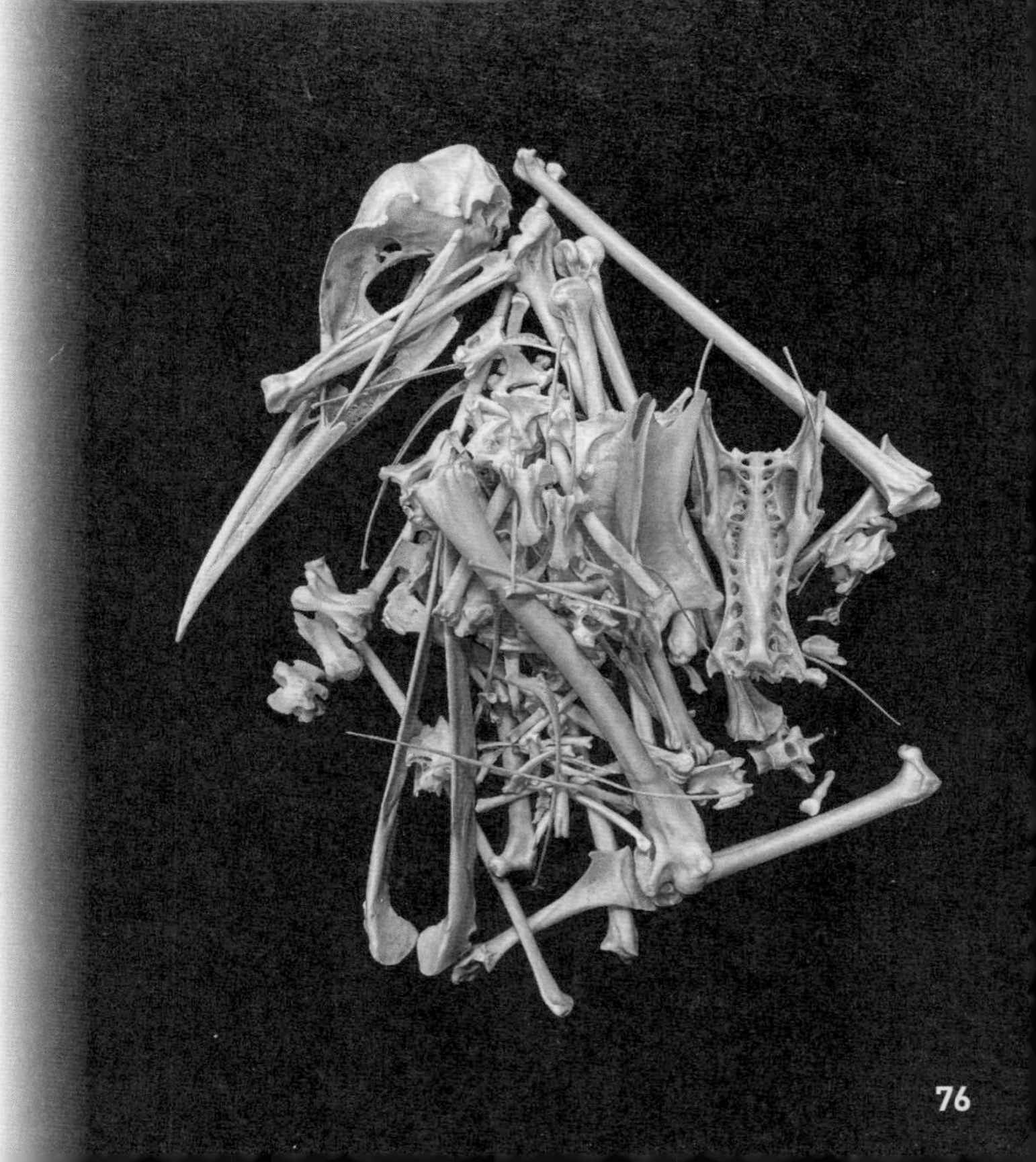

ゴイサギ1羽全身分の骨格標本。こうした骨格標本も、重要な研究材料です。

北硫黄島で鳥の死体のサンプルを検分している川上先生。

絶滅の危機に瀕する オガサワラカワラヒワ

全身の大きさはスズメほど、大きめのくちばしがチャームポイントのオガサワラカワラヒワは、100万年以上前から独自の進化を遂げてきたユニークな小鳥です。日本固有種は10種しかいないとされてきましたが、オガサワラカワラヒワが独立種とされることで11種となります。

すばらしさに気づかなかったように、1種類の鳥だけを見ていても、その鳥のおもしろさには気づかないものです。まずは身近な鳥を2〜3種類比較してみましょう。そしてそのとき、以下の3段階を意識してみてください」と話します。

その3段階とは、①事実を発見する（昆虫を食べる鳥のくちばしは細長い）→②ほかの事実と比較をする（種子を食べる鳥は昆虫を食べる鳥に比べてくちばしが太くて短い）→③それぞれのメカニズムを解明する（昆虫を食べる鳥は小さなスキマにいる虫もついばめるように細長いくちばしになっている、種子を食べる鳥は種子をすりつぶす必要があるので太くて短いくちばしになっている）というものです。こうして比較して共通点や相違点を見つけていくことが、単なる観察から「研究」につながるのだといいます。

「私が一番大切にしているのは『楽しく鳥の研究を続けること』です。まだ解明されていない謎がたくさんあるので、その謎を解いて研究のおもしろさを多くの人と共有していきたいと思っています。しかしいまはそうした謎を解き明かすことよりも、オガサワラカワラヒワという鳥を絶滅の危機から救うことに注力しています」と川上先生。

この鳥は長年、本州にいる「カワラヒワ」という鳥と同じ種類だと考えられていました。しかし、100万年以上前に本州の集団と別れて小笠原諸島に定着し、遺伝的にも独自の発展を遂げていることが川上先生らの研究によって判明しました。このように外見上の区別がつかず同種として扱われてきたが本当は別種だった種別を「隠ぺい種」といい、川上先生らはこの発見を2020年の5月に論文で発表しました。

「私たちが発見したのは系統の違いですが、調べていくうちにネコやネズミの影響によって個体数がどんどん減っていることもわかってきていました。小笠原諸島で研究を始めた25年前からずっと目にしてきた鳥がいなくなってしまうかも……こんなに悲しいことはありません。

小笠原諸島という特殊な環境で、100万年の間に独自の進化を遂げてきたオガサワラカワラヒワは、いわば、100万年の歴史の生き証人ともいえます。世界中にここにしかいないとても貴重な鳥なのに、その生き証人が絶滅してしまいそうなんです。それは、進化の謎を解くうえでも、非常に大きな損失です。

我々はいま、オガサワラカワラヒワを守るためにみんなで力を出しあっています。しかし、この鳥を守りたいと思ってくれる人が増えないと、保全は進みません。そのために1人でも多くの人にこの鳥のことを知ってもらいたいと、取り組みを紹介するHP（QRコード）を作成しました。ぜひみなさんにも、オガサワラカワラヒワのことを知ってほしいです。みなさんが知ってくれることが、保全の原動力になります」（川上先生）

鳥類学者として、生態調査から環境保全まで、幅広い活動を行う川上先生の今後の活躍に注目です。

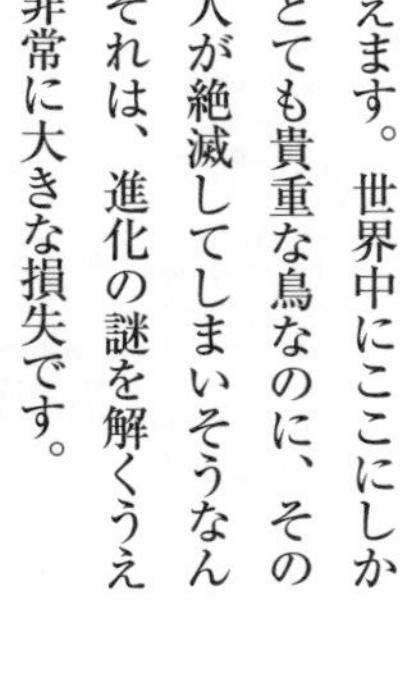

冒頭で紹介した西之島の研究をはじめ、私の世代では終わらない研究もたくさんあります。そうした研究を引き継いでくれる、次世代の鳥類学者が育ってくれることを心待ちにしています。

国立研究開発法人 森林研究・整備機構
森林総合研究所 野生動物研究領域 鳥獣生態研究室
所在地：茨城県つくば市松の里１
ＵＲＬ：https://www.ffpri.affrc.go.jp/ffpri.html

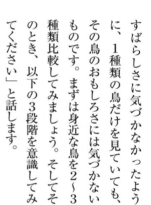

いま注目の新しい学びを実践する開智国際大学
急激にレベルアップしている『国際教養学部』を探る

学問の分野を超え、さまざまな授業を通して、グローバル社会に活躍できる人材の育成を目指す開智国際大学の「国際教養学部」。グローバルビジネス科目群、人間心理科目群、多文化・国際社会科目群の3つの中から中心となる1つの科目群を選択して専門的に学ぶことも、また複数の科目群の中から将来を見据えて自分に必要な科目を自由に選択することもできる、21世紀型の「国際教養学部」を取材しました。
（取材・SE企画）

常磐線快速電車で東京駅から約30分の柏駅。ここからバスで約10分の「柏学園前」で降りると、緑の森の中に落ち着いた佇まいの開智国際大学のキャンパスが広がっています。出迎えてくれたのは、2019年度から国際教養学部長に就任したビクトル・ゴルシコフ先生。

ビクトル先生は、京都大学で博士号（経済学）を取得し、グローバルビジネス科目群の経済分野の科目を中心に教えています。母語であるロシア語はもちろんのこと、英語やフランス語も堪能で、日本語も日本人と全く変わらないほどの語学力があり、大学の授業は英語でも日本語でも行っているそうです。お話を伺っていると、開智国際大学を日本でトップクラスの大学に成長させたいという強い熱意が伝わってきます。

グローバルな英語を学ぶ

国際教養学部の第一の特徴は、英語をしっかりと学ぶことです。1年次は全員が週4コマ（90分×4）の英語を学びます。クラスは20名前後の習熟度別編成になっているため、自分の進度にあった学習ができ、英語力を伸ばすための最強の環境が整っています。2年次以上も英語の必修・選択科目があり、英語力をもっと伸ばしたい学生は、それぞれの語学力に応じた授業を選択できます。

海外での研修も多彩です。1年次には2週間の海外研修が予定されています。この研修は、語学力の向上だけでなく、世界が直面する課題に向き合い、問題の背景や解決方法を探る想像力、実践力を養うことを目的としています。その他にも、カナダ、オーストラリア、フィリピンなどでの英語短期研修をはじめ、ワシントンの国際機関やNGOなどでの3か月間のインターンシップ、インドネシアの大学での英語のみの授業による短期研修、中国の大学での中国語研修など、さまざまな企画が用意されています。

交換留学制度にも力を入れており、中国、ロシア、ハンガリー、インドネシアの大学と協定を締結しています。現在も、アメリカの大学とオーストリアの大学との交換留学制度を視野に入れた提携を模索するなど、さまざまな新しい取り組みを進めています。

また、国際教養学部は、毎年多くの留学生を受け入れており、多様性を重視した教育を展開しています。19カ国からの学生と教職員が集うキャンパスでは、さまざまな言語が飛び交い、さながらグローバルキャンパスです。留学生たちの学部への貢献度がきわめて高く、英語スピーチコンテストやビブリオバトル（書評合戦）などの学内イベントだけでなく、日本人学生と一緒に他大学との共同研究会に参加し発表するなど、活発に活動しています。

英語力だけなく、教養力を育てる科目群

毎年、開智学園の何人もの生徒が海外の高校や大学に留学します。生徒たちは、留学先の学校で大変優秀だと評価されていますが、それは英語ができるということではなく、理数的・社会科学的な教養

が高く、しかも真面目に一所懸命に学んでいるからだと言われています。

　国際社会で活躍するためには英語力は必須で、バックグラウンドとして、しっかりした教養を身につけていなければ相手にされません。開智国際大学の「国際教養学部」では、人間性や教養力を高め、未来の仕事に直結するための学びを、3つの科目群制度で行っています。

　経済学、経営学、情報など、人と組織、経営について学び、実務能力を修得するグローバルビジネス科目群。心理学やその演習・実習を通して、自己理解・他者理解を深める人間心理科目群。日本の文化と歴史、世界の国々の文化や人々について学び〝人間とは〟〝文化とは〟を考える多文化・国際社会科目群。これらの科目群を専門的に学び、本物のグローバル人材を育成することを目指しています。

学生主体の授業が盛りだくさん

　開智国際大学は、この数年間で大きく変化しています。ビクトル先生は「まず大学での授業を講義形式から教員と学生の双方向型の『主体的、探究的で深い学び』に変えました。授業ではＰＩＬ型授業という講義の中に教員と学生の対話を取り入れ、また学生同士が協働型で「なぜ」を考え、仮説を立て、調査、実験、観察などを通して、論議し、発表する探究型授業を多く行っています。

また、年々優秀な生徒がかなり増えてきている状況ですので、同じ科目の授業を学力別や学習歴別に分けるなどして、それぞれの生徒に合った講座内容で授業を行っています。

　さらに留学生のレベルも上がり、欧米からの留学生も少しずつ増えています。そこで同じ内容を、英語で行う授業と、日本語で行う授業を創るなどして、多様化する学生に対応しています」と話してくれました。

先生方との距離が非常に近い少人数教育

　最後に、開智国際大学の特徴を北垣日出子学長に伺いました。

「一番の特徴は少人数教育です。多くの授業が20名程度ですので、先生は学生全員を熟知して授業をしていますから、学生も高い意識を持って集中して勉強しています。次に、教授陣が『未来志向の新しい国際教養学部を創る』ことに燃えていることです。

　一方、優秀な学生に入学してほしいという思いから、他大学よりはるかに充実した特待制度を備えています。２０２０年度の入学者中で4年間の授業料が国立大学より廉価になる特待生は30パーセントを超えています。２０２１年度入試でも特待生入試や大学入学共通テスト利用入試での特待生など、78名定員のうち30名前後の特待生が入学できるように計画しています。しかも、大学入学共通テスト利用入試の受験料は１０００円と破格になっています」と話していただきました。

　優れた教授陣が21世紀型教育を少人数指導する魅力いっぱいの開智国際大学の国際教養学部は、まさにパワーと情熱あふれる学部です。２０２１年の入学希望者はすでに前年の倍以上という、人気の開智国際大学の今後が楽しみです。

開智国際大学　2021年度入試日程

入試形式	期	試験日	出願期間	合格発表
一般入試	Ⅰ	2月 5日(金)	1月 7日(木)～1月27日(水)	2月 9日(火)
	Ⅱ	2月18日(木)	1月 7日(木)～2月10日(水)	2月19日(金)
	Ⅲ	3月 4日(木)	1月 7日(木)～2月25日(木)	3月 6日(土)
	Ⅳ	3月12日(金)	1月 7日(木)～3月 9日(火)	3月13日(土)
スカラシップ入試	Ⅰa	2月 5日(金)	1月 7日(木)～1月27日(水)	2月 9日(火)
	Ⅰb			
	Ⅱ	3月12日(金)	1月 7日(木)～3月 9日(火)	3月13日(土)
総合型　プレゼンテーション入試	Ⅲ	12月20日(日)	12月 1日(火)～12月10日(木)	12月23日(水)
総合型　小論文入試	Ⅱ			
総合型　特待生選考入試	—			
総合型　英語外部試験入試	Ⅱ	来校しての試験なし		
大学入学共通テスト利用入試・特待選考・一般選考	Ⅰ	大学独自試験はなし	12月25日(金)～1月15日(金)	2月10日(水)
	Ⅱ	大学入学共通テスト＜第1日程＞1月16日(土) 1月17日(日)＜第2日程＞1月30日(土) 1月31日(日)	12月25日(金)～2月16日(火)	2月18日(木)
	Ⅲ		12月25日(金)～3月12日(金)	随時 最終発表 3月16日(火)

※入試詳細については募集要項を参照してください。

開智国際大学

〒277-0005 千葉県柏市柏1225-6

URL: https://www. kaichi. ac. jp

LINE　大学HP

■最寄り駅

JR常磐線・東武アーバンパークライン「柏」駅

■併設校

開智小学校、開智中学・高等学校、開智高等部

開智未来中学・高等学校、開智日本橋学園中学・高等学校、開智望小学校・中等教育学校

ちょっと得する

読むサプリメント

ここからは、勉強に疲れた脳に、ちょっとひと休みしてもらうサプリメントのページです。
勉強の合間にリラックスして読んでください。
もしかすると時事問題などに対する考え方のヒントになるかもしれません。

耳より ツブより 情報とどきたて

STATION WORK～駅勤務～

「コレって、なに？」、最近ターミナル駅の広めの通路で、**写真㊨**のような直方体をタテに設置したスペースを見かけた人も多いでしょう。年配の人なら昔は点在していた公衆電話ボックスと見間違えたかもしれません。

じつはこれ、JR東日本なら「ステーション ブース」、西武鉄道は「テレキューブ」と呼んでいる簡易型のサテライトオフィスなのです。

サテライトオフィスは、政府が2016年から進めている「働き方改革」で提唱したテレワークの１つです。

本来テレワークは、会社に行かずネット回線を利用して自宅などで勤務する働き方ですが、ネット環境の問題や幼児がいるなどの理由で、自宅では仕事がしづらいこともありえます。そんな場合、社員が多く利用するターミナル駅の近くに、会社がサテライトオフィスを設置して勤務できるようにするのですが、サテライトが多くなれば多額の家賃も必要で設置は進んでいませんでした。

しかし、それまであまり普及が進んでいなかったテレワークが、新型コロナウイルス感染症予防の観点から一気に広がり、サテライトオフィスの必要性も急務となりました。

JR神田駅のステーションブース
（撮影／本誌）

そこに目をつけたのが鉄道会社です。

駅構内の通路などには多くのデッドスペースがあります。また、駅ならば多くの人が利用できます。

現況では１人タイプと２人タイプがあり、15分250円（税抜き）からという価格です。スマートフォンで予約でき、空いていればSuicaなどでも即、利用できます。

各社とももっと増やしていく予定で、そのほか役所、企業のロビーなどに設置が広がっています。

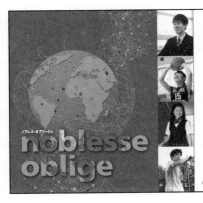

The most
Advanced
Sciences
Navigation
013

マナビー先生の
最先端科学ナビ

FILE No.013

はやぶさ2

小惑星との往復6年の旅　ミッション成し遂げ帰還

小惑星探査機「はやぶさ2」が帰ってきた。小惑星「リュウグウ」に向け２０１４年12月3日に打ち上げられ、この12月6日、6年の長い旅を終えて地球に戻ってきたんだ。

前回の初号機「はやぶさ」のことを覚えているだろうか。「イトカワ」と名づけられた小さな惑星に到達し、何度もだめかなとハラハラさせながら、技術者たちの努力でどうにか地球に戻ってきたんだったね。その「はやぶさ」では遠くの小惑星に、着陸し戻ってくることができるかを確認することがおもな目的だった。

さらに、持ち帰ったイトカワのサンプルは微粒子ではあったけれど、それまでの観測から、地球に落下する多くの隕石の故郷がイトカワと同種の小惑星だということも証明したんだ。トラブルを乗り越えた快挙は映画にもなったね。

水や生命の起源に迫れる可能性を持つリュウグウ

さて、2号機となった「はやぶさ2」も「はやぶさ」のミッションを引き継いだ。水や有機物が前回のイトカワより多いのでは、と期待されているリュウグウが探査の相手。

当然、おもなミッションは「水と有機物に関する探査」だ。地球は水の惑星と呼ばれ、水があることが特徴なんだけど、では、この水はどこから来たのかが定かではない。また生命の起源といわれている有機物はどのようにして発生したか、などわからないことだらけだ。

仮説の1つが「水や有機物は地球誕生時に地球外の宇宙から小惑星とともに飛来したのではないか」というもの。「はやぶさ2」が向かった小惑星リュウグウは地球が生まれた当時（約46億年前）の状態を残している小惑星だといわれている。

リュウグウにある岩石や砂のサンプルを調べることで太陽系の誕生や生命誕生の秘密を知ることができるかもしれないと期待されているんだ。

「はやぶさ2」が目標にしたリュウグウという小惑星。そのころは名前すらまだなく、数字が並んだ仮の名で呼ばれていたんだ。「はやぶさ2」が打ち上げられたことで、リュウグウという名前がつけられ、そして、じつは「はやぶさ2」が到達して初めて、その詳細な姿がわかった。それまでは、火星と地球の間を公転している約９００mの大きさの惑星だとしかわかっていなかったんだ。

詳しくはわからないリュウグウがなぜ探査の候補に選ばれたのだろうか。リュウグウからの光の反射を調べたところ、C型と呼ばれる小惑星に分類できることがわかったからなんだ。C型の場合は有機物や水を多

マナビー先生

大学を卒業後、海外で研究者として働いていたが、和食が恋しくなり帰国。しかし科学に関する本を読んでいると食事をすることすら忘れてしまうという、自他ともに認める“科学オタク”。

その長い旅はまだまだ続く

く含んでいると推測される小惑星だということが知られていたからね。

地球に落ちてくる隕石を調べて、隕石の成分やその軌道から、ほとんどの隕石が、リュウグウのある火星と木星の間の小惑星帯から来ていることもわかっていた。

初号機の「はやぶさ」が探査したイトカワとは違うC型の小惑星を探査したかったんだね。

リュウグウを形成している成分サンプルの持ち帰りに成功したはやぶさ2。その旅はまだまだ続く（©JAXA）

もう1つの理由は、しっかりとしたサンプルを取得して戻ってくる可能性が高い軌道を、リュウグウが公転しているということだった。

困難極めたミッション 次々と成功させる

「はやぶさ2」は、打ち上げから3年半経過してリュウグウに到達。そして太陽の周りを回っているリュウグウといっしょに回りながらリュウグウの観測を続け、数々のミッションを実行、ほとんどわかっていなかったリュウグウの詳細な姿を写真に収めて、地球に送信してきた。

近距離からの光学的計測も多く行った。さらに2回のタッチダウン（地表に着陸し、サンプルを取得後離陸）も行った。その2回目ではあらかじめ衝突装置を使って人工的なクレーターを作り、表面だけでなく、内部の状態を観測することにも試みている。

持ち帰ったサンプルから多くの成果が出ることを期待して、着陸地点の名称を「うちでのこづち」と名づけた。希望のつまった命名だね。

サンプルを得るだけでなく「イブー」「アウル」というローバー2機がそれぞれ着陸したり、低空の周回実験をすることにも成功している。

地球から遠く離れた小惑星の重力を「はやぶさ2」が発射した小型の衛星が細かく計測、小さな惑星の周りを回り続ける技術のレベルを一段と進歩させたことも評価されいる。

12月6日、無事、地球のすぐ近くまで帰ってきた「はやぶさ2」は、取得したサンプルを収納したカプセルを投下、地球に届けた。すべてすんなりいったわけではなく、様々な困難を技術者のみなさんの努力で乗り越えてきたからこその結果だった。

これから持ち帰ったサンプルの解析も始まる。だけど「はやぶさ2」の旅はこれで終わるわけではない。さらに次の小惑星に向け出発したよ。11年後にはその飛行の途中でまた地球をかすめることにもなるそうだ。

Why? What!

なぜなに科学実験室

人には、これまでの体験や人づてに聞いた話から、自分のなかに形づくられてしまった「当たり前」という思い込みがあるものです。

そして、それがくつがえされたとき、思わず「えっ」「なぜ？」「どうしてそうなるの？」と、不思議な感覚におちいり、必要以上に驚いてしまうものです。

このページでご紹介する科学実験は、実験室の案内役「ワンコ先生」にお願いして、そんなビックリの現象を取り上げてお伝えしています。

今回も、いわば「科学マジック」ともいえる風船の不思議実験です。

その不思議の元は、風船の材質にあります。みなさんは風船がなにでできているか、知っていますか。そして、なぜこんな現象が起こるのか、みんなで考えてみましょう。

なんでも飲み込んでしまう風船

みなさんこんにちは。「なぜなに科学実験室」の案内役、ワンコ先生です。

今回の実験では、風船のとんでもない能力に気づいてもらいます。ここに登場する風船は、ごく普通のものですが、なんでも飲み込んでしまうんです。

読み終わったら、実際にやってみてください。お友だちも、お父さん、お母さんも、きっとビックリしますよ。

ワンコ先生

1 用意するもの

❶スティックのり

❷ゴム風船（必要なのは１個ですが、念のため２、３個）

❶は、風船を膨らませた状態より小さければ実験は可能です。ただし角があるものや突起があるものは避けましょう。

❷は、100円ショップで購入できるもので十分ですが、丸く膨らむものを選びましょう。

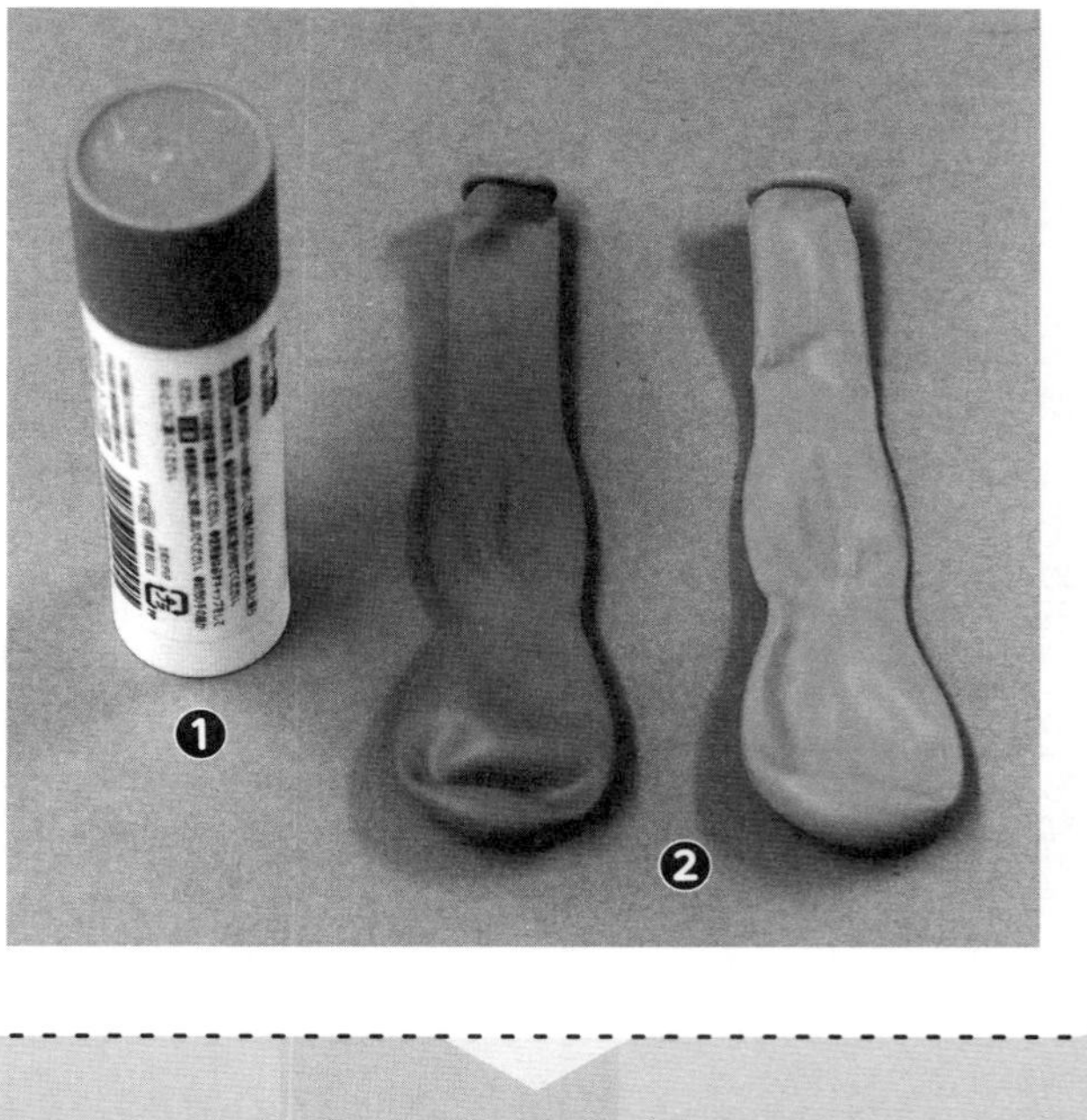

2 風船を膨らませる

用意した風船を膨らませます。

今回は長径が20㎝程度に膨らむもので実験しています。

3 風船の口を押さえながら

風船の空気がもれないよう、その口を片手の指でしっかりつまみながら、もう片方の手にスティックのりを持ちます。

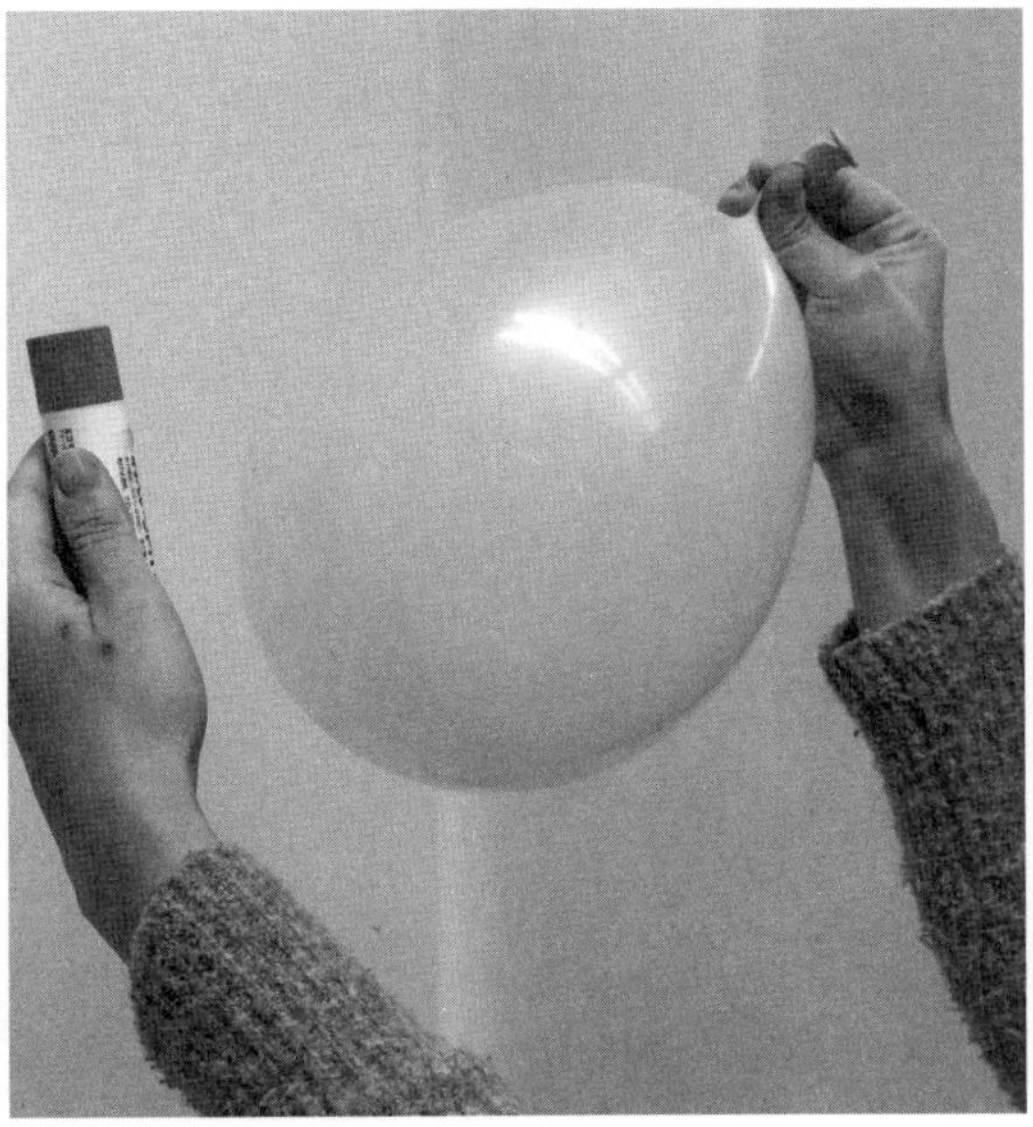

4 スティックのりを押しつける

風船にスティックのりをギューッと押しつけて、「入れ、入れ」とおまじないを唱えましょう。

5 少しずつ空気を抜きながら

スティックのりを押しつけると風船は変形しますが、指を緩めて空気を少しずつ抜きながら、さらに押しつけます。

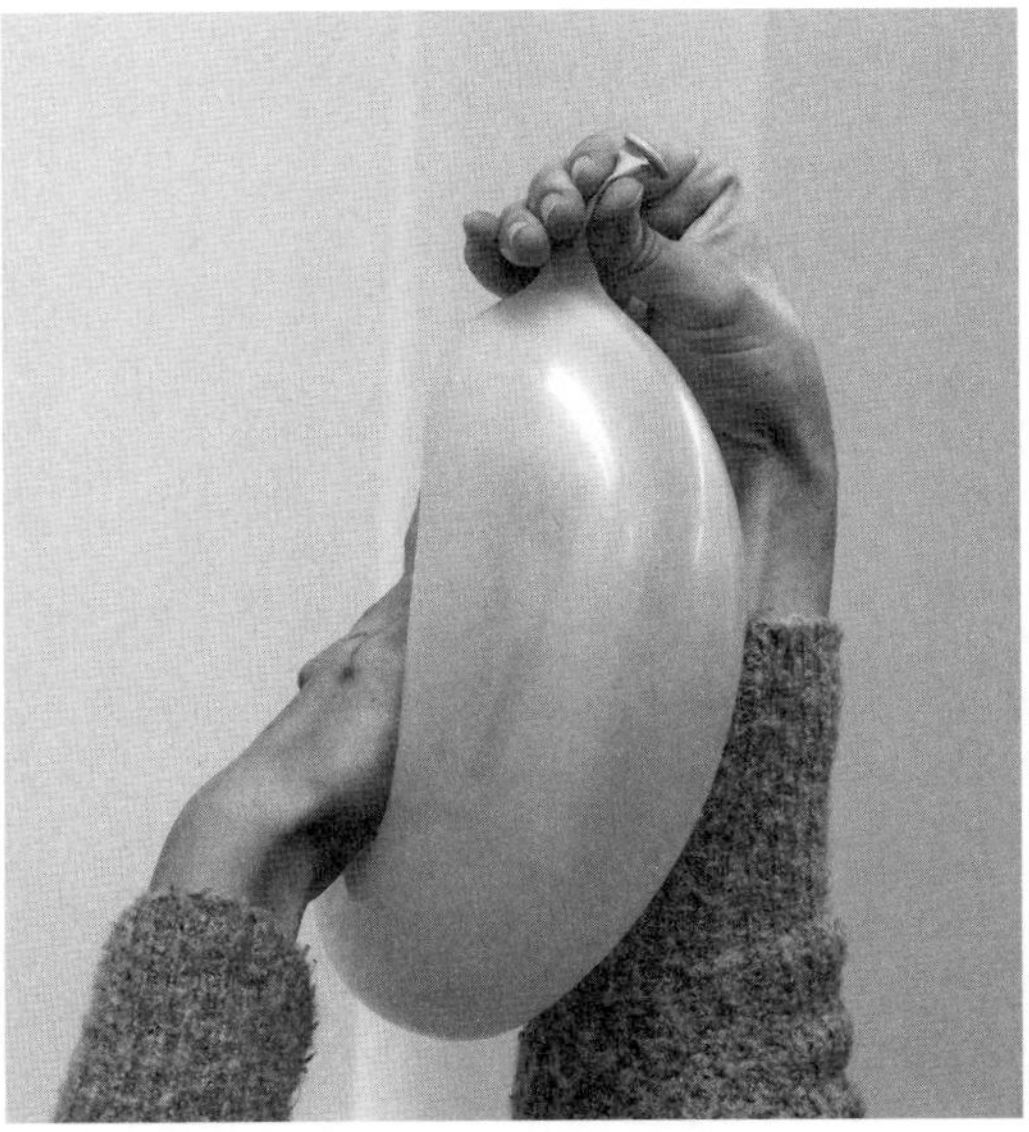

6 風船がだんだん小さく

空気をだんだん抜いていくと、風船は小さくなり、スティックのりは見えなくなりました。

7 あれれ、どこいった

風船はさらに小さくなりました。あれ、まさかホントにスティックのりがなかに入っちゃった。

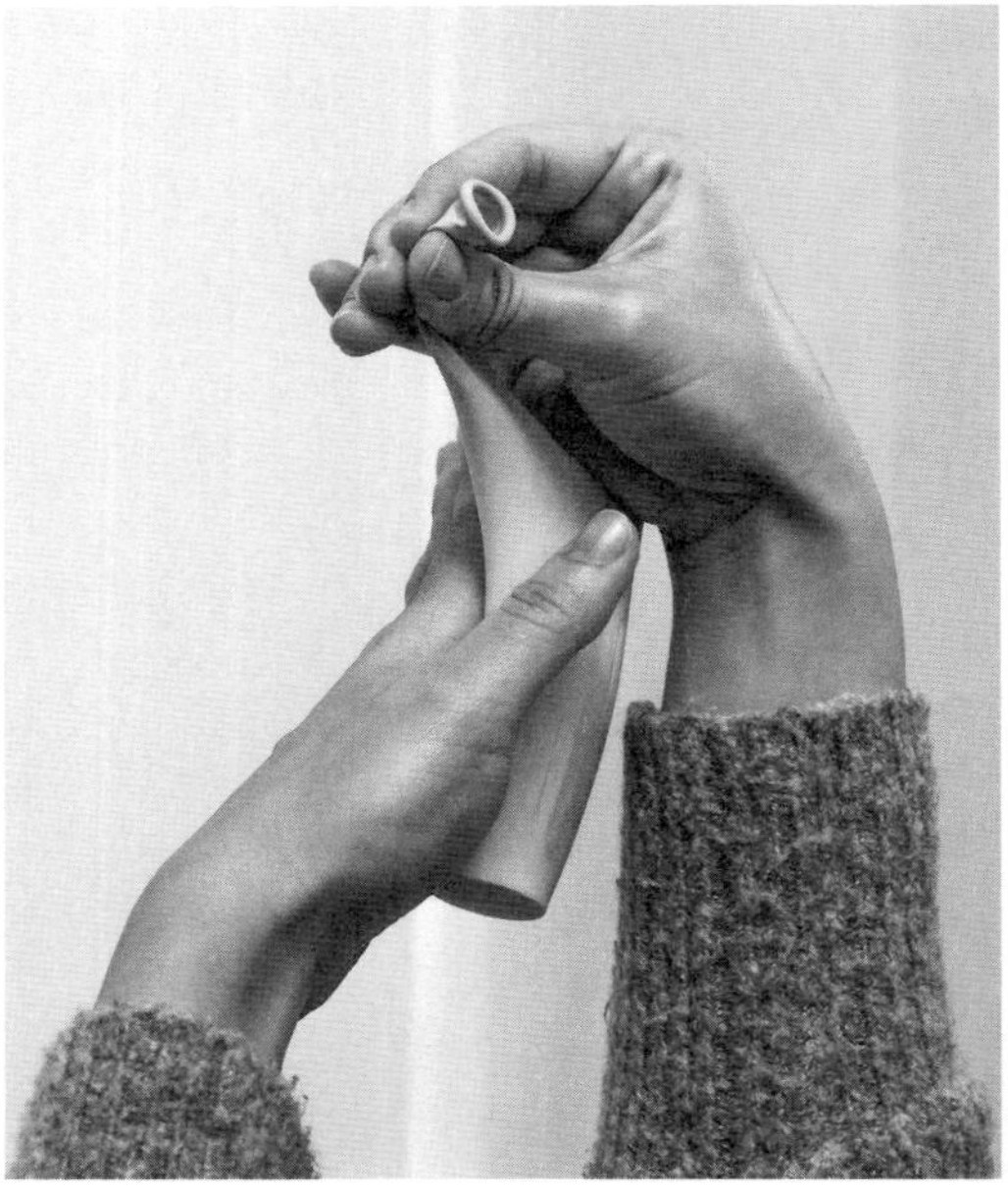

8 ホントに風船が飲み込んだ

風船の空気はすっかりなくなり、あとには風船に吸い込まれたスティックのりが残りました。

9 裏側から見てみると

じつは風船が飲み込んだのではなく風船がスティックのりの周りにまとわりついたのです。

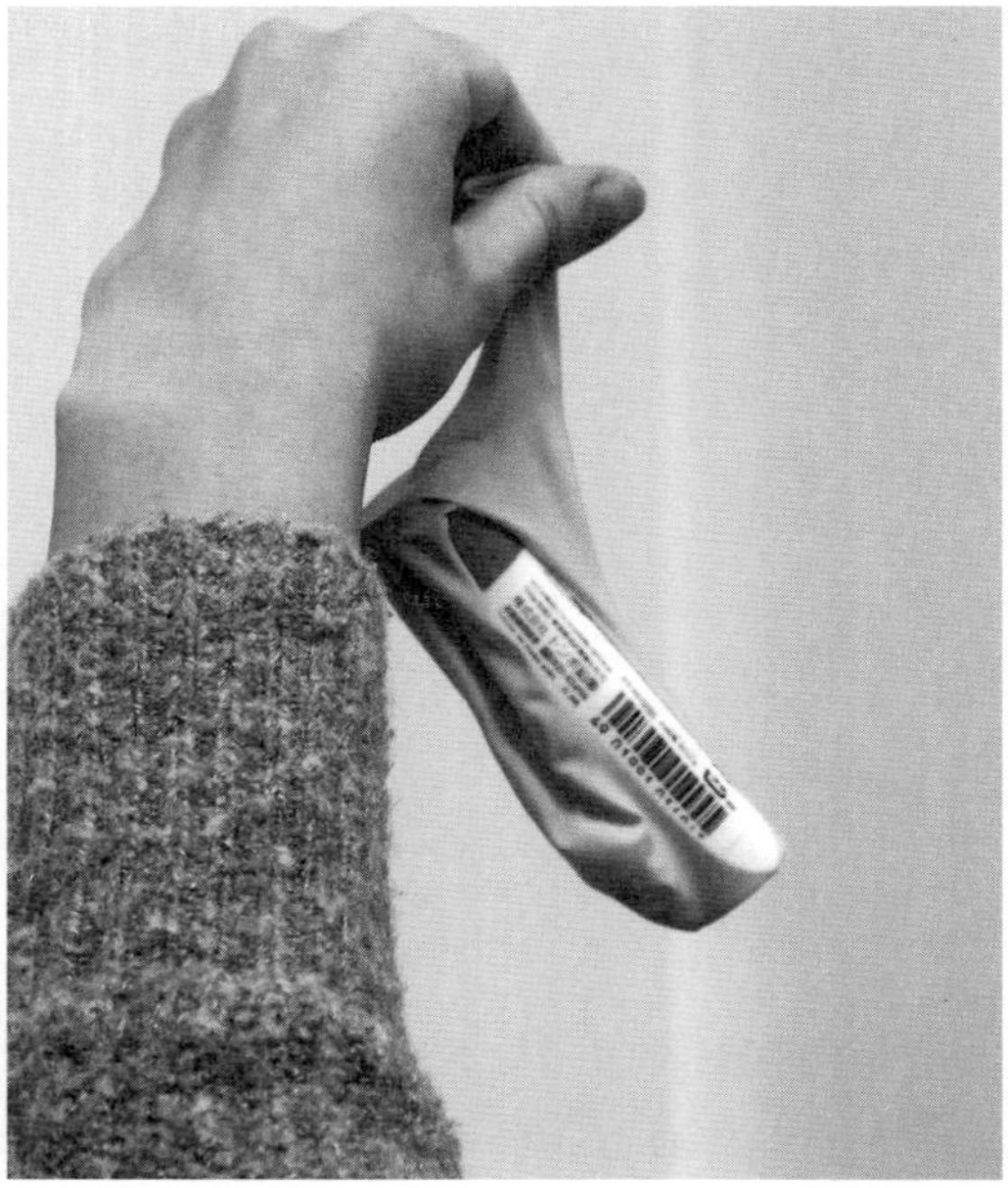

10 スマホだって飲み込んだ

スマートフォンでもやってみました。風船は見事にスマホを飲み込んでいます。

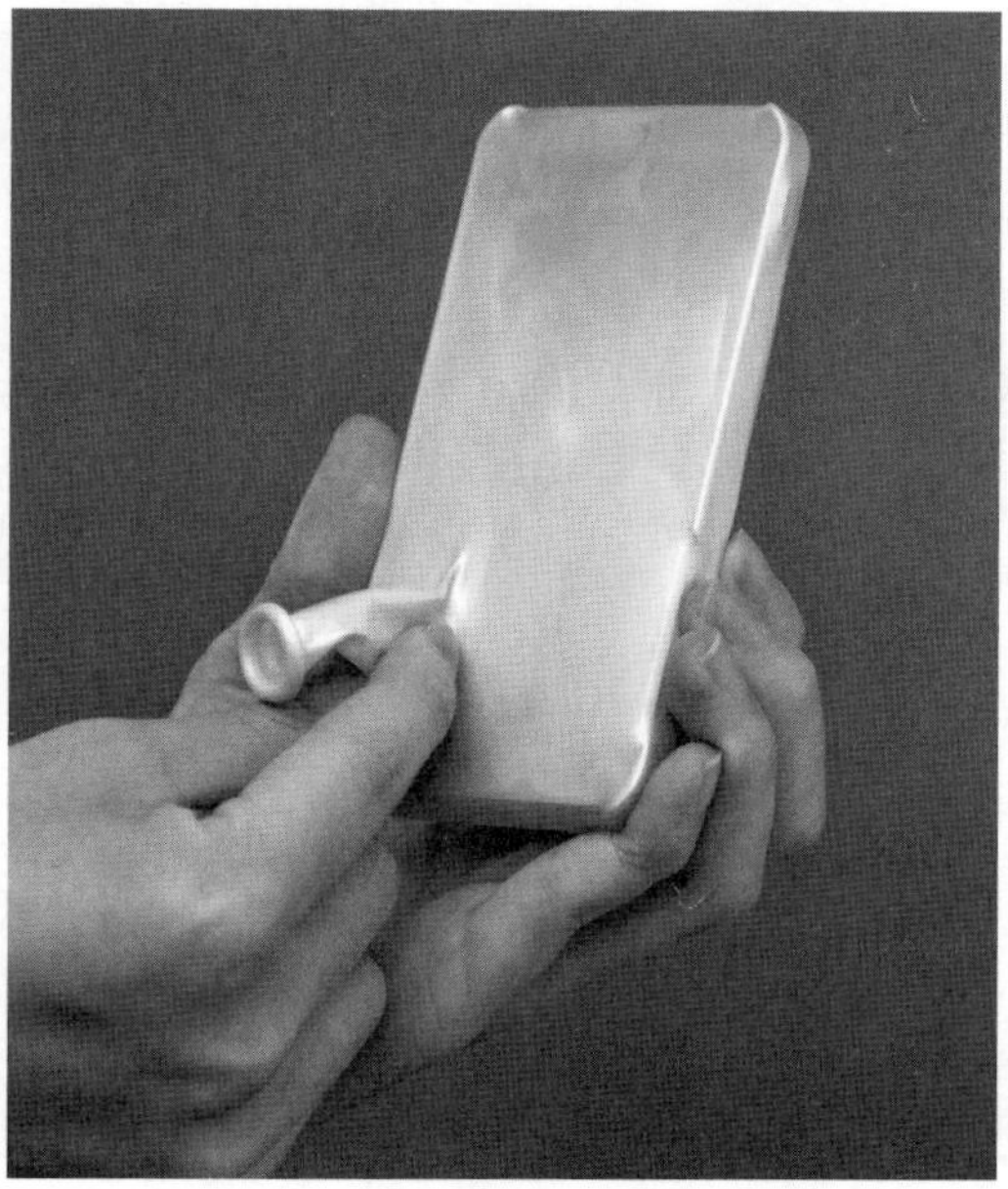

11 裏から見るとやっぱり

飲み込まれたスマホを裏から見てみました。しっかり巻きついています。

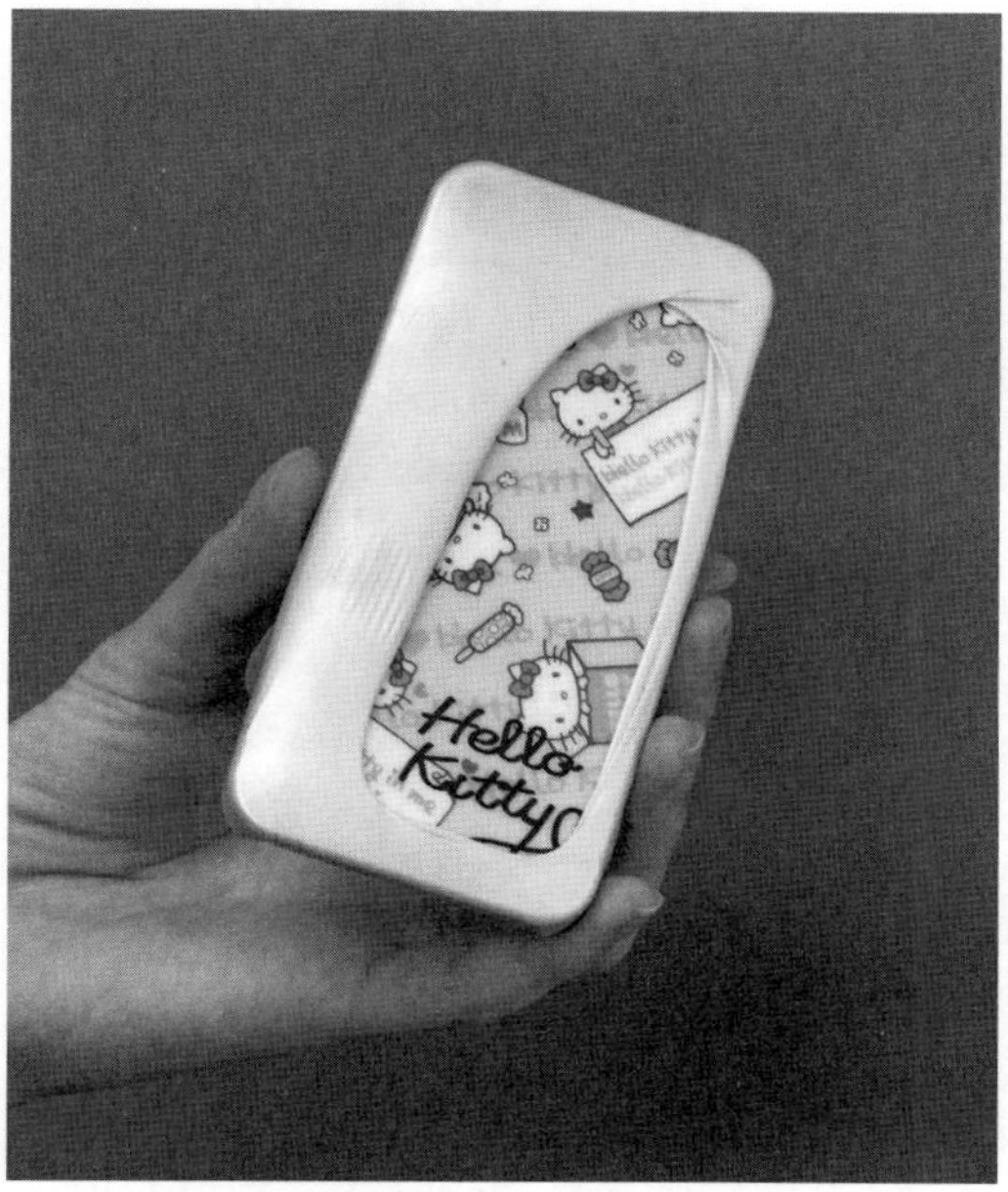

解説 身近なゴムの不思議

風船の正体はゴムです。今回使用したものなどゴム風船と呼ばれるものは、「ゴムの木」の樹液「ラテックス」から作られています。現在では硫黄などを加えて扱いやすくなっています（後述）。

ゴムは高分子と呼ばれる化学物質の1つですが、ほかの物質の伸び率が1%以下であるのに比べ、ゴムの伸び率は倍どころか、数百%の伸び率になります。

例えば、輪ゴムを両手で持って引っぱると元の長さから5倍ぐらいまで伸びますよね。

また、ゴムの元に戻ろうとする力もほかの物質とは比べものにならないほど強力で、ほぼ元の形に復元します。現在のゴム風船で使われているゴムは硫黄が添加されていることで、さらにこの力が強くなっているのです。

今回の実験では、その戻ろうとする力を利用して、スティックのりやスマートフォンの裏側にまでゴムが回り込んでしまいます。このとき、正面から見ると、スティックのりやスマホがまるで風船のなかに入り込んでしまったように見えたのです。

ゴムの木は元々は南アメリカの地にしか生えていませんでした。やがて南アメリカを訪れたヨーロッパの人がゴムを知り、ゴムの木や樹液を持ち帰って、丸めて弾ませたりしていましたが、なにに使えばいいのか見当がつかず、最初は消しゴムを作ったりする程度でした。しかし、生ゴムは時間がたつと、ベトベトにくっついてしまい扱いにくいものだったのです。

そんななか、アメリカのグッドイヤーという人が、ひょんなことから、生ゴムに硫黄を加えて熱すると、よく弾むうえ、ベトベトにならないことに気づいたのです。

ゴムの人気は急上昇し、輪ゴムや、自動車のタイヤなど、様々なところに使われるようになりました。

では、どうしてゴムは伸び縮みするのでしょうか？　これは、ゴムを構成している、小さな粒が、長いくさりのようにつながっているからだと考えられています。このくさりを引っぱると、1つひとつの粒も伸びて、離すと元に戻ることから、ゴムは伸びたり縮んだりできるというわけです。

【ご注意】低年齢のお子さんが、繰り返し風船を膨らませると過呼吸症状を起こすことがありますので、風船を膨らませる作業は大人が行うようにしてください。

動画はこちら▶

スティックのりが風船に飲み込まれる様子をこちらの動画でご覧ください。

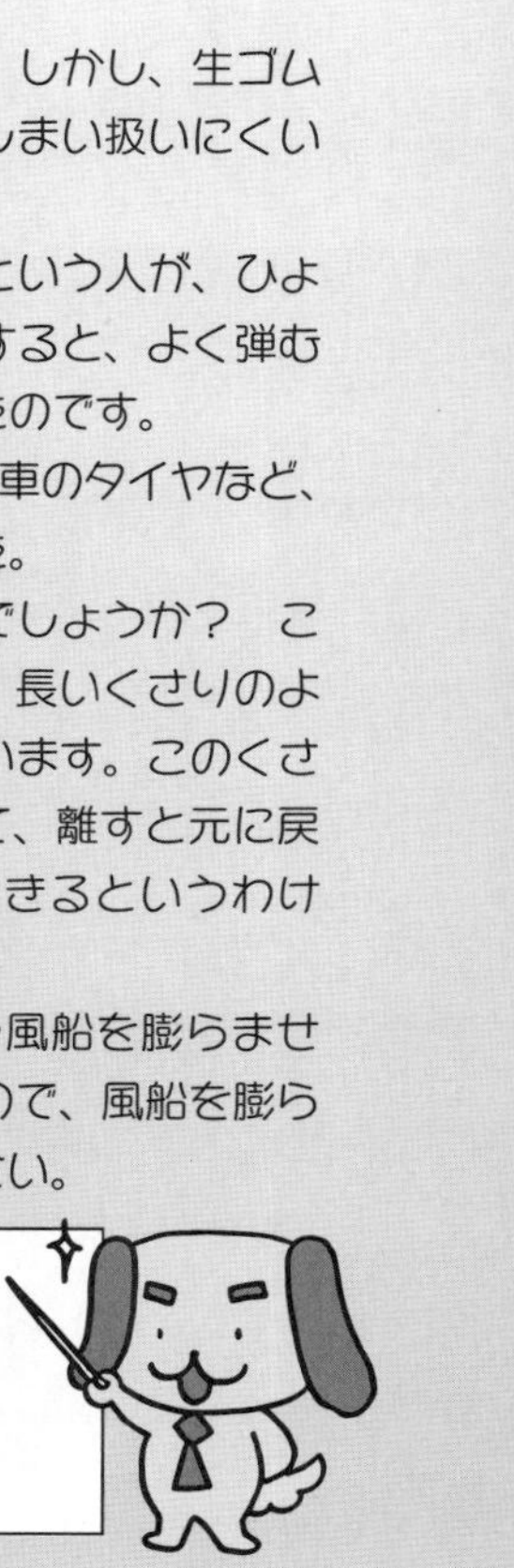

そうだったのか！

中学生のための経済学

山本謙三｜オフィス金融経済イニシアティブ代表、東京大学教養学部卒、前NTTデータ経営研究所取締役会長、元日本銀行理事。

「経済学」って聞くとみんなは、なにか堅～いお話が始まるように感じるかもしれないけれど、現代社会の仕組みを知るには、「経済」を見る目を持っておくことは欠かせない素養です。そこで、経済コラムニストの山本謙三さんに身近な「経済学」について、わかりやすくお話しいただくことにしました。今回は為替相場についてのお話です。

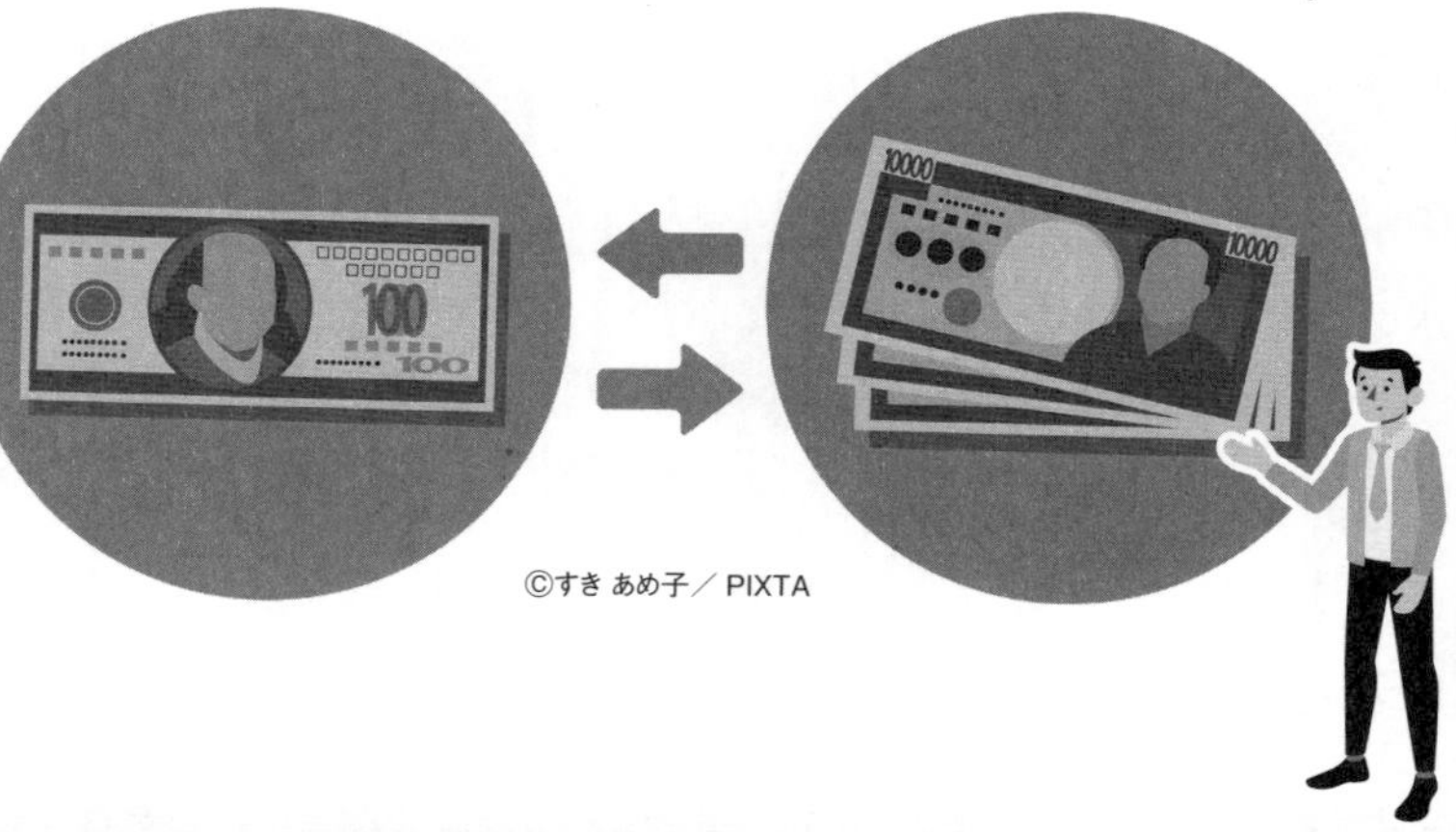

©すき あめ子／PIXTA

円高、円安ってどういうこと？

海外からものを輸入したり、海外に旅行をするときには、しばしば銀行窓口などで外国の通貨を購入する必要が出てきます。海外の輸出業者や土産店は、日本円の現金を受け取ってくれないことが多いからです。海外各国で流通しているお金（通貨）には、米ドル、ユーロ、英ポンド、中国元などがあります。それらの通貨と日本円を交換するための換算レートが、為替相場（為替レート）と呼ばれます。「1ドル＝△△円」という為替相場は、米ドルと日本円の換算レートを表します。

ややこしいのは、1ドル＝100円を基準として、例えば1ドル＝105円のように、100円を上回る相場になったときは「円安」、1ドル＝95円のように、100円を下回る相場になったときは「円高」となることです。これは「1ドル＝△△円」という表示が、もともと米ドルの価値を示す方法だからです。もし日本円の価値を直接表示するのであれば、1円＝0・00952ドル（1ドル＝105円の場合）、1円＝0・01052ドル（1ドル＝95円の場合）となります。前者は1円で買えるドルが少なくなるので「円安」、後者は1円で買えるドルが多くなるので「円高」というわけです。実感がより湧きやすい表示方法ですが、小数点以下が長くなることもあり、実際には滅多に使われません。

得する？　損する？

円高は、輸入業者や海外への旅行者にとって有利に働きます。ここでは、海外で買う土産代に1万円の予算を用意したとしましょう。1ドル＝100円の場合、1万円で100ドルを購入できます。これが1ドル＝95円の円高になると、1万円で購入できる米ドルは105・2ドルに増えます。逆に1ドル＝105円の円安になると、1万円で95・2ドルしか買えません。円高で得をし、円安で損をする計算です。

逆に、円高は、輸出業者や日本に訪れる旅行者にとって不利に働きます。自動車を輸出し、1万ドルを受け取った業者を考えてみましょう。1ドル＝95円まで円高が進めば、手にできる日本円は95万円に減ります。逆に1ドル＝105円まで円安が進めば、購入できる日本円は105万円に増えます。円安で得をし、円高で損をする計算です。

為替相場は日々変動し、一国の経済に大きな影響を与えます。一見すると、世界共通の通貨を作り、為替相場を必要としない世界の方が便利なように思えます。しかし、国や地域が違えば、政治や経済の実態が異なります。例えば日本円、米ドル、中国元を1つの通貨に統合しようとしても、政策運営に関する日米中各国の意見はまとまらず、すぐに行き詰まることでしょう。共通通貨にすれば、金融政策も共通にしなければならないからです。為替相場は、こうした対立を避け、各国・地域の経済を効率的に結びつけて、貿易や投資を活発にする役割を果たしているのです。

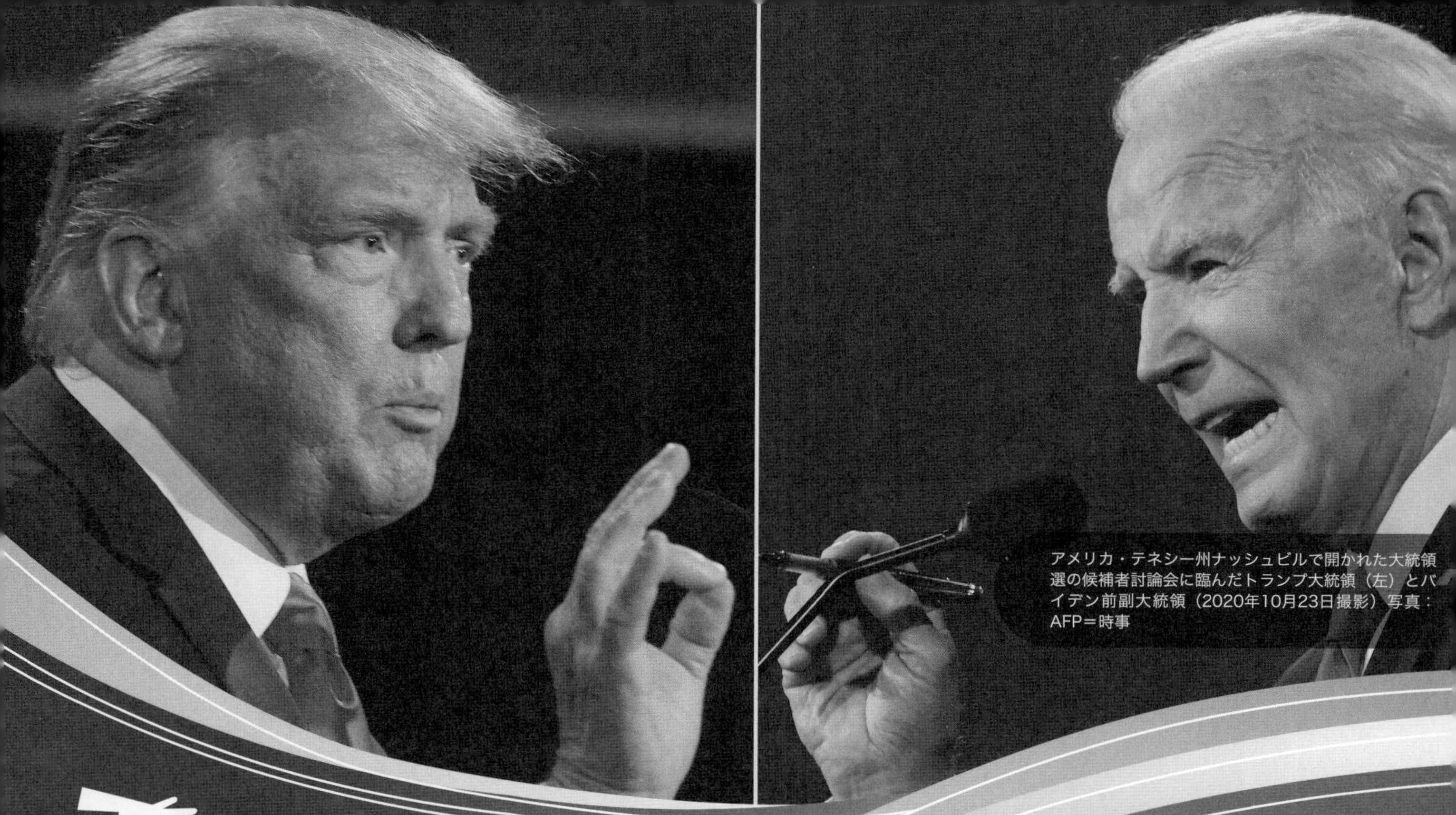

アメリカ・テネシー州ナッシュビルで開かれた大統領選の候補者討論会に臨んだトランプ大統領（左）とバイデン前副大統領（2020年10月23日撮影）写真：AFP＝時事

PICK UP NEWS

ピックアップニュース！

今回のテーマ

米大統領にバイデン氏

アメリカの大統領選挙の投票が11月３日に行われ、民主党のジョー・バイデン前副大統領が、現職のドナルド・トランプ大統領を破り、第46代の大統領に選出されました。トランプ氏は選挙に不正があったとして、選挙結果を受け入れず、法廷闘争に臨むかまえですが、選挙結果が覆る可能性はほとんどなく、１月20日には、バイデン氏の大統領就任式が行われる予定です。

バイデン氏は1942年11月、ペンシルベニア州で事業家の長男として生まれました。少年時代は吃音《きつおん》に苦しんだ経験があります。デラウェア大学、シラキューズ大学ロースクールを卒業し、1969年に弁護士となり、その後政治家の道を志して、群議会議員から、1972年に29歳の若さで上院議員に当選しています。

しかしこの年、最初の妻と子ども３人が交通事故に遭《あ》い、妻と長女を亡くしています。

その後、上院の常任委員会の委員長を務め、外交委員会の委員長も務めるなど、民主党上院の重鎮として存在感を示しました。

2009年からは８年間、オバマ政権の副大統領を務めました。2016年の大統領選挙でも候補者に名乗りをあげましたが、途中で辞退しています。

中道穏健派として知られ、銃規制の強化を検討する特別チームのトップを務めたこともあります。

バイデン氏はすでに78歳と高齢で、アメリカ史上、最高齢での大統領就任となります。再選されれば、86歳まで大統領を務めることになり、健康を危ぶむ声もあります。

バイデン氏はトランプ大統領を厳しく非難していたこともあり、トランプ政権とは異なる国際協調路線をとる可能性が大きいですが、対日政策がどうなるのかは不透明で注目されます。

また、副大統領に就任するカマラ・ハリス氏は初の女性の副大統領です。ジャマイカ系の父とインド系の母の間に1964年10月にカリフォルニア州で生まれました。56歳です。ハワード大学卒業後、カリフォルニア大学ヘイスティングスロースクールを出て、検察官となり、2017年から上院議員を務めています。黒人であり、アジア系の血を引く副大統領であるのも初めてのことです。

ジャーナリスト **大野 敏明**
（元大学講師・元産経新聞編集委員）

思わずだれかに
話したくなる
名字の豆知識

第15回

今回は

佐々木

佐々木姓のルーツとは？

「佐々木」は源氏の名族だった

全国第13位の「佐々木」は全国に約70万9400人います（新人物往来社『別冊歴史読本　日本の名字ベスト10000』より）。3字姓では全国トップです。

都道府県別では岩手で2位、北海道、青森、秋田、島根で3位、宮城で4位、広島で7位、福井で9位です。

東北に多い名字のように思えますが、中国地方中部、北陸の一部にも分布しています。やや偏った分布ですが、これは佐々木氏のルーツと関係があるようです。

佐々木氏は宇多《うだ》天皇を祖とする近江源氏《おうみげんじ》から出たとされています。宇多天皇の第8皇子、敦《あつ》実《み》親王の子、雅信《まさのぶ》が皇族から臣下となって源姓を賜って宇多源氏となり、その孫の源成頼《みなもとのなりより》のさらに孫、経方《つねかた》が近江国蒲生郡《がもうぐん》佐々木庄（現・滋賀県近江八幡市安土町）に住んで、地元の沙《さ》沙貴《さき》神社を氏神としたことから、「佐々木」を名乗るようになりました。これが近江源氏です。

では、「沙沙貴」のルーツはなんでしょうか。これは当て字で、由来は「雀部《ささきべ》」ではないかと思われます。大和《やまと》朝廷時代には部民（べのたみ、べみん）に雀部がいて、その人々が祀《まつ》った神社が沙沙貴神社になり、それが地名の佐々木になった可能性があります。部民とは大化の改新以前に朝廷や豪族が所有していた技能者集団のことです。

5人の佐々木氏の子孫が全国で繁栄

経方の孫、秀義《ひでよし》は源義朝《みなもとのよしとも》の家来として平治《へいじ》の乱《らん》に参加、その子の定綱《さだつな》、経高《つねたか》、盛綱《もりつな》、高綱《たかつな》、義清《よしきよ》の兄弟は、源頼朝《みなもとのよりとも》に従い、とくに定綱、高綱兄弟は源義仲《みなもとのよしなか》追討の宇治川《うじがわ》の先陣争いで有名です。

鎌倉幕府の成立後はこの5人兄弟だけで12カ国の守護に任じられていて、一大勢力を形成しました。全国に散ったこの5人の佐々木氏の子孫が、それぞれの地で繁栄したことで、佐々木姓が全国に分布していったと考えられます。

その支族も多く、尼子《あまこ》、井野、伊庭《いば》、岩山、植田、塩谷《えんや》（塩冶）、大沢、隠岐《おき》、奥谷、小原、鏡、加地、亀井、川島、木村、京極《きょうごく》、葛岡《くずおか》、朽木《くちき》、黒田、小寺、高島、土橋、富岡、西尾、野木（乃木）、曲直瀬《まなせ》、馬淵《まぶち》、間宮、三井、三宅、森、山本、吉田、六角《ろっかく》などの各氏がいます。このうち亀井、京極、朽木、黒田、西尾、三宅、森氏などは江戸時代に大名になっています。ただ、西尾氏と森氏は清和源氏、三宅氏は児島氏の出という説もあります。

東北の佐々木氏は14世紀後半、佐々木直綱《なおつな》が奥州に下向、その子、繁綱《しげつな》が水沢《みずさわ》城に拠って繁栄し、現在の東北の佐々木氏の祖となったとされています。また、一族の尼子氏は1566年、毛利《もうり》氏に滅ぼされましたが、子孫が佐々木姓に戻って、毛利氏に仕え、広島、島根の佐々木氏の祖となりました。

地名にも「佐々木」は多い

では、「佐々木」という地名はあるのでしょうか。新潟県新発田《しばた》市、同県村上市、兵庫県豊岡市但東町、岡山県高梁市成羽町に大字《おおあざ》の「佐々木」があります。JR白新線には「佐々木駅」があります。ここは新潟県新発田市佐々木からきています。

さらに石川県小松市と高知県高知市に「佐々木町」があります。

新潟県新発田市の佐々木は元来、佐崎であったところが転訛《てんか》したもののようです。1959年、新発田市に吸収されています。

新潟県村上市の佐々木の由来は不明です。1889年までは村名でした。兵庫県の佐々木も1889年までは村名でした。岡山県の佐々木は鎌倉時代初期に、佐々木定綱の4男、信綱《のぶつな》が加増地《かぞうち》を得たところ。領主の名をとって地名となりました。

佐々木高綱 宇治川の先陣争い

信綱は承久の乱（1221年）の宇治川の先陣争いで有名です。定綱（前述）も信綱も戦乱は違いますが、いずれも親子で宇治川の先陣を争っているところがおもしろいですね。

石川県小松市の佐々木町は中世に佐々木氏が領主であったことから地名となりました。1889年までは村名でした。

高知県高知市の佐々木町は1936年からの地名です。元は杓田《ひしゃくだ》町でしたが、佐々木高行《たかゆき》邸があったことから地名となりました。佐々木高行は土佐藩出身で、明治維新以後、参議、工部卿、枢密院議官などを歴任しました。

歌人の佐佐木（本名、佐々木）信綱《のぶつな》は三重県の出身、父の弘綱《ひろつな》、息子の治綱《はるつな》、孫の幸綱《ゆきつな》、曽孫の頼綱《よりつな》、定綱《さだつな》もみな歌人です。

フランシスコ・ザビエル

ミステリーハンターQのタイムスリップ歴史塾

キリスト教伝来

今回のテーマはキリスト教伝来。宣教師フランシスコ・ザビエルの来日から禁教令解除までの流れをみてみよう。

静　キリスト教は日本にどのように伝わったの？

MQ　カトリック教会の修道会であるイエズス会のスペイン人宣教師、フランシスコ・ザビエルが1549年、インド、マラッカを経由して鹿児島に上陸し、日本にキリスト教を伝えたんだ。

勇　ザビエルはなんで日本に来たの？

MQ　当時のヨーロッパは宗教改革などの影響で、カトリック教会の勢力が衰えていたため、アジアに布教の足掛かりをつかもうとしていたんだ。

静　鹿児島に上陸したザビエルは布教を認められたの？

MQ　鹿児島の守護大名、島津《しまづ》氏は布教を許可した。その後ザビエルは、平戸、博多、山口、京都などで布教を行い、守護大名の大内《おおうち》義隆《よしたか》や大友宗麟《おおともそうりん》の保護を受けたんだ。

勇　布教は順調だったんだね。

MQ　ザビエルは2年3カ月で日本を去ったけど、そのあとに来日した宣教師たちは、医療や貧民の救済、教育などにも熱心に取り組んだので、庶民のなかにはキリスト教を信じる者が増えていったんだ。

静　大名からもキリスト教の信者が出たの？

MQ　北部九州の大友宗麟、有馬《ありま》晴信《はるのぶ》、大村純忠《おおむらすみただ》らは熱心な信者となった。これをキリシタン大名というんだ。彼らは1582年に、4人の少年をローマ教皇のもとに派遣した。これが天正《てんしょう》の遣欧少年使節だよ。

勇　九州以外ではどうだったの？

MQ　当時、仏教勢力と敵対していた織田信長《おだのぶなが》は、教会や神学校の設立を許可した。近畿地方では高《たか》山右近《やまうこん》、小西行長《こにしゆきなが》などが洗礼を受けて信者となった。宣教師たちは印刷機を導入したり、天文、医学、航海、地理、測量などの技術も伝えたんだ。これらをキリシタン文化と呼ぶよ。

静　本州の方にも信仰が広まっていったんだね。その後、キリスト教はどうなったの？

MQ　織田信長のあとに天下を統一した豊臣秀吉《とよとみひでよし》は、キリスト教が庶民の信仰を集め、為政者に敵対的になることを恐れて、1587年、バテレン追放令を出して、宣教師たちを国外追放にしたんだ。

その後、徳川幕府は、1612年に禁教令を出して、正式にキリスト教を禁止し、信仰を捨てない者を激しく弾圧した。キリスト教が正式に認められ、だれでも信仰できるようになるのは、明治維新後に新政府が禁令を解除した1873年まで待たなくてはいけないんだ。

ミステリーハンターQ（略してMQ）

米テキサス州出身。某有名エジプト学者の弟子。1980年代より気鋭の考古学者として注目されつつあるが本名はだれも知らない。日本の歴史について探る画期的な著書『歴史を掘る』の発刊準備を進めている。

山本 勇

中学3年生。幼稚園のころにテレビの大河ドラマを見て、歴史にはまる。将来は大河ドラマに出たいと思っている。あこがれは織田信長。最近のマイブームは仏像鑑賞。好きな芸能人はみうらじゅん。

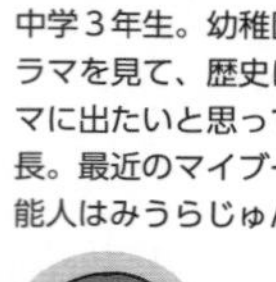

春日 静

中学1年生。カバンのなかにはつねに、読みかけの歴史小説が入っている根っからの歴女。あこがれは坂本龍馬。特技は年号の暗記のための語呂合わせを作ること。好きな芸能人は福山雅治。

生徒　先生

サクセス印のなるほどコラム

身の周りにある、知っていると役に立つかもしれない知識をお届け!!

信じる？　信じない？　占いと統計学

当たるも八卦（はっけ）、当たらぬも八卦…。

先生、なにを言ってるの？

キミ、聞いたことない？　当たるも八卦、当たらぬも八卦…って。占いは当たるかもしれないし、当たらないかもしれないという意味だよ。

占いなんてゲームみたいな感じで、適当に答えているんじゃないの？

まあ、そう言いたくなる気持ちもわかるけど（笑）。占いにも色々あるからね。怪しいものはともかく、昔はきちんとした占い師にはなろうと思ってもなかなかなれなかったんだよ。

そうなの？

学ばないといけないことも多いからね。例えば、生年月日から人の運命を占う方法とか。

そんなことで運命がわかるの？

人の行動や心の動きを調べて、人生のパターンを予想するということのようなんだ。

だからって同じ誕生日の人は似ているということになるの？

そこで登場するのが「統計学」だ。

今度は統計学？

現代的に言うなら、そうした占いの根本は、おそらく統計なんだと思う。先人の生き方を統計でまとめた結果なんじゃないかなあ。先生の憶測だけどね(笑)。昔は統計学という形でちゃんとまとめられてはいなかったけれど、先人の知恵というのは、ときにすごいものだよね。

そういえば、先生は統計学を勉強したって言ってたよね？　おもしろいの？

ちょっと大学で勉強したぐらいだけど(笑)。統計学はおもしろいと思うよ。でも、キミにはまだ興味深く感じられないかもしれないね。

どうして？

だってさ、データといわれる数値をずっとパソコンとかに入力しないといけない地味な作業が多いから。

どのくらい？

1万個！

本当に？

冗談だよ（笑）。まあ、実際のところの統計は自動的にデータが取られていることが多いんだよね。

またからかってるでしょ！

いや、キミは気づいていないだろうけど、インターネットで自分の好きな項目を見ていると、それらに関連した広告がよく出るようになってない？

出る出る！　そっか。いつの間にかデータが取られているってこと？

そう、本人は無意識のうちにね。

そう考えると怖い！　ところで、話は戻るけど、先生は占いを信じているの？

そうだね。でも当たらなかったときは、統計的に自分が例外だったと思うようにしているんだ。

都合がいいね（笑）。じゃあさ、ぼくが大金持ちになれるかどうかって占える？

まあ占うだけならね。じつは友だちに占い師がいるから、今度聞いておこうか？

いや、遠慮しておくよ。

どうして？

「あなたの普段の生活では、きっと将来貧乏になる」とか言われそうだもん。だって、データは採取されてるんでしょ？

だから、当たるも八卦、当たらぬも八卦の精神だよ。

先生みたいに都合よく思える人は幸せだね。

そう！　知らぬが仏！

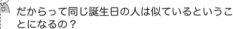

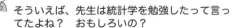

数学ランドへようこそ

ここ、数学ランドでは、毎月上級、中級、初級と3つのレベルの問題を出題しています。各問題に生徒たちが答えていますので、どれが正解か考えてみてくださいね。今回は中級、上級、初級の順番で掲載します。

TEXT BY 湯浅 弘一

ゆあさ・ひろかず／湘南工科大学特任教授、NHK教育テレビ（Eテレ）高校講座に監修講師として出演中。

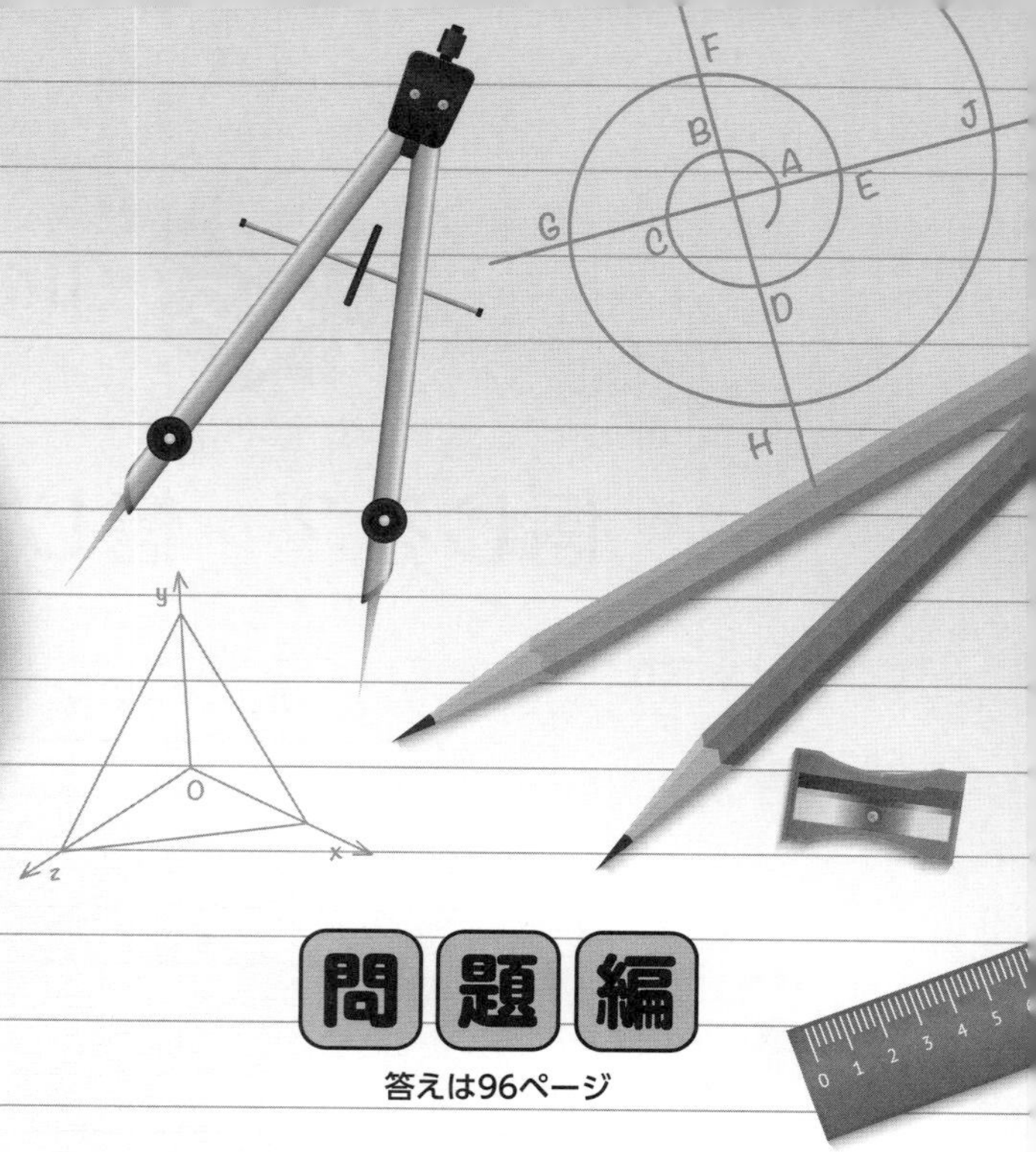

問題編

答えは96ページ

中級

サイコロ３個を同時に１回投げるとき、出た目の和が３の倍数になる確率を答えてください。

A

答えは…

$\frac{1}{3}$

実際に数えてみると$\frac{1}{3}$になるよ。

B

答えは…

$\frac{1}{6}$

いやいや、実際に数えると答えは$\frac{1}{6}$だよ。

C

答えは…

$\frac{1}{27}$

$\frac{1}{3}\times\frac{1}{3}\times\frac{1}{3}=\frac{1}{27}$じゃない？

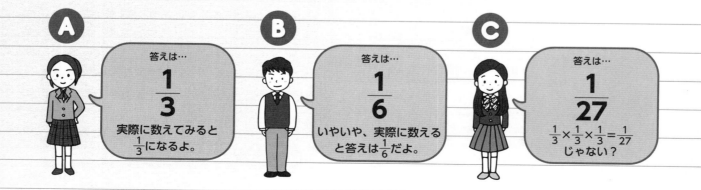

上級

サイコロ３個を同時に１回投げるとき、
出た目の和が９になるときと10になるときでは、どちらが起こりやすいでしょうか。

A

答えは…
9
出た目の和が９の方が起こりやすい。

B

答えは…
10
出た目の和が10の方が起こりやすい。

C

答えは…
9も10も同じ
９も10も同じ起こりやすさだよね。

初級

サイコロ３個を同時に１回投げるとき、
出た目の積が偶数になる確率を答えてください。

A

答えは…
$\frac{1}{2}$
ズバリ！　偶数か奇数かの$\frac{1}{2}$！

B

答えは…
$\frac{1}{3}$
サイコロ３個だから$\frac{1}{3}$でしょ！

C

答えは…
$\frac{7}{8}$
奇数じゃない確率を考えて$\frac{7}{8}$！

中級

正解はA

サイコロ３個をすべて区別して考え、大、中、小と名前をつけ、以下（大、中、小）と表すことにします。全事象は各サイコロが１～６の６通りの目が出るので、6×6×6＝216通りです。ここでサイコロの目を以下のグループに分けます。

グループ（イ）・・・{1，4}
グループ（ロ）・・・{2，5}
グループ（ハ）・・・{3，6}

３個の目の和が３の倍数になるのは、次の４種類が考えられます。

グループ（イ）から３個、例えば（大、中、小）＝（1，1，4）などです。この場合、（1，1，1）（1，1，4）（1，4，1）（4，1，1）（1，4，4）（4，1，4）（4，4，1）（4，4，4）の８通り。

グループ（ロ）から３個、例えば（2，2，5）など上と同じように８通り。

グループ（ハ）から３個、例えば（3，3，6）など上と同じように８通り。

グループ（イ）（ロ）（ハ）から各１つずつ、例えば１と５と３を選ぶと、この順列を考えて（大、中、小）は、（1，3，5）（1，5，3）（3，1，5）（3，5，1）（5，1，3）（5，3，1）の６通りあります。

さて、グループ（イ）（ロ）（ハ）から各１つずつ数を選ぶ仕方は、グループに各２個ずつ数があるので、２×２×２＝８通りですから、グループ（イ）（ロ）（ハ）から各１つずつ選んで和が３の倍数になる（大、中、小）の組は、全部で６×８＝48通り。したがって、３個の目の和が３の倍数になる場合の数は

８＋８＋８＋48＝72通り。求める確率は$\frac{72}{216}=\frac{1}{3}$です。

A
やったね!!
B
残念！
数え間違い…かな？
C
自信満々だけど、
違ってるよ。

上級

正解はB

中級の問題と同じように、サイコロ３個はすべて区別して考えます。

和が９となるのは、（1，2，6）の組み合わせで（1，6，2）（2，1，6）（2，6，1）（6，1，2）（6，2，1）の６通りです。

同じように考えて（1，3，5）が６通り、（1，4，4）は３通り、（2，2，5）は３通り、（2，3，4）は６通り、（3，3，3）は１通り。

合計6＋6＋3＋3＋6＋1＝25通りです。

和が10となるのは、（1，3，6）が６通り、（1，4，5）が６通り、（2，2，6）が３通り、（2，3，5）が６通り、（2，4，4）が３通り、（3，3，4）が３通り。

合計6＋6＋3＋6＋3＋3＝27通り。

ですから、計算上は和が10の方が和が９より起こりやすいことがわかります。

A
どう考えてこの答えになったの？
B
やったね!!
C
同じじゃ、問題にしないよ。

初級

正解はC

３個のサイコロの目をx，y，zとすると、xyz＝偶数となる場合の数が多いので、この余事象を考えます。xyz＝奇数はx，y，zすべて奇数のときですから、この確率は$\frac{1}{2}\times\frac{1}{2}\times\frac{1}{2}=\frac{1}{8}$です。

よって求める確率はこの余事象の確率$1-\frac{1}{8}=\frac{7}{8}$になります。

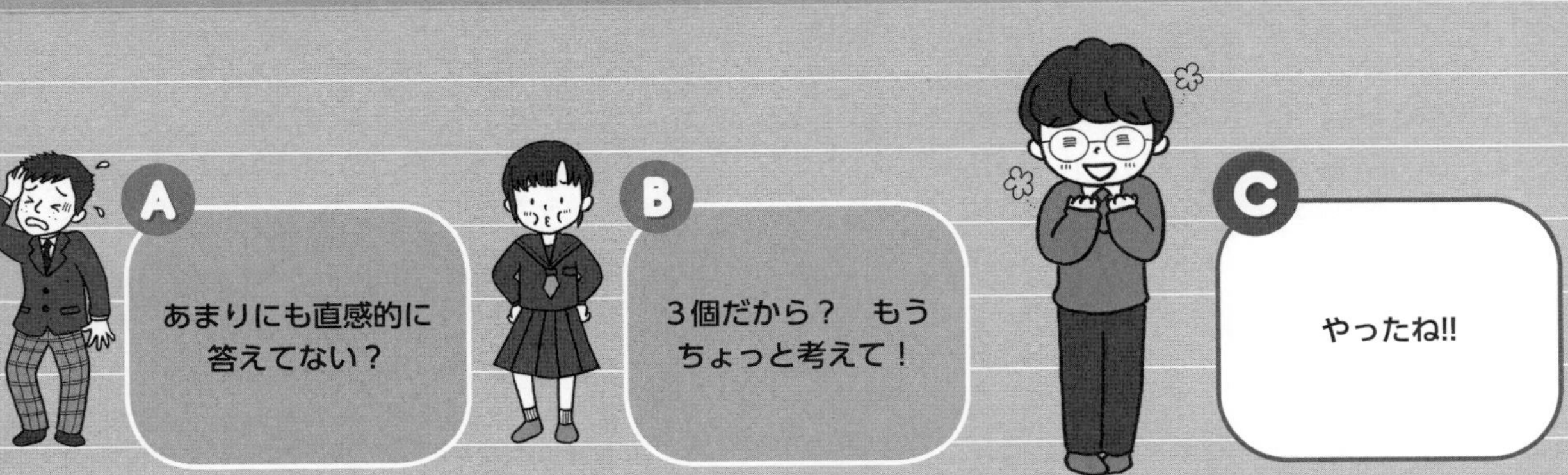
A
あまりにも直感的に答えてない？
B
３個だから？　もうちょっと考えて！
C
やったね!!

次代を担う若者たちへのメッセージ

今月の1冊

『君たちは何をめざすのか』
ラグビーワールドカップ2019が教えてくれたもの

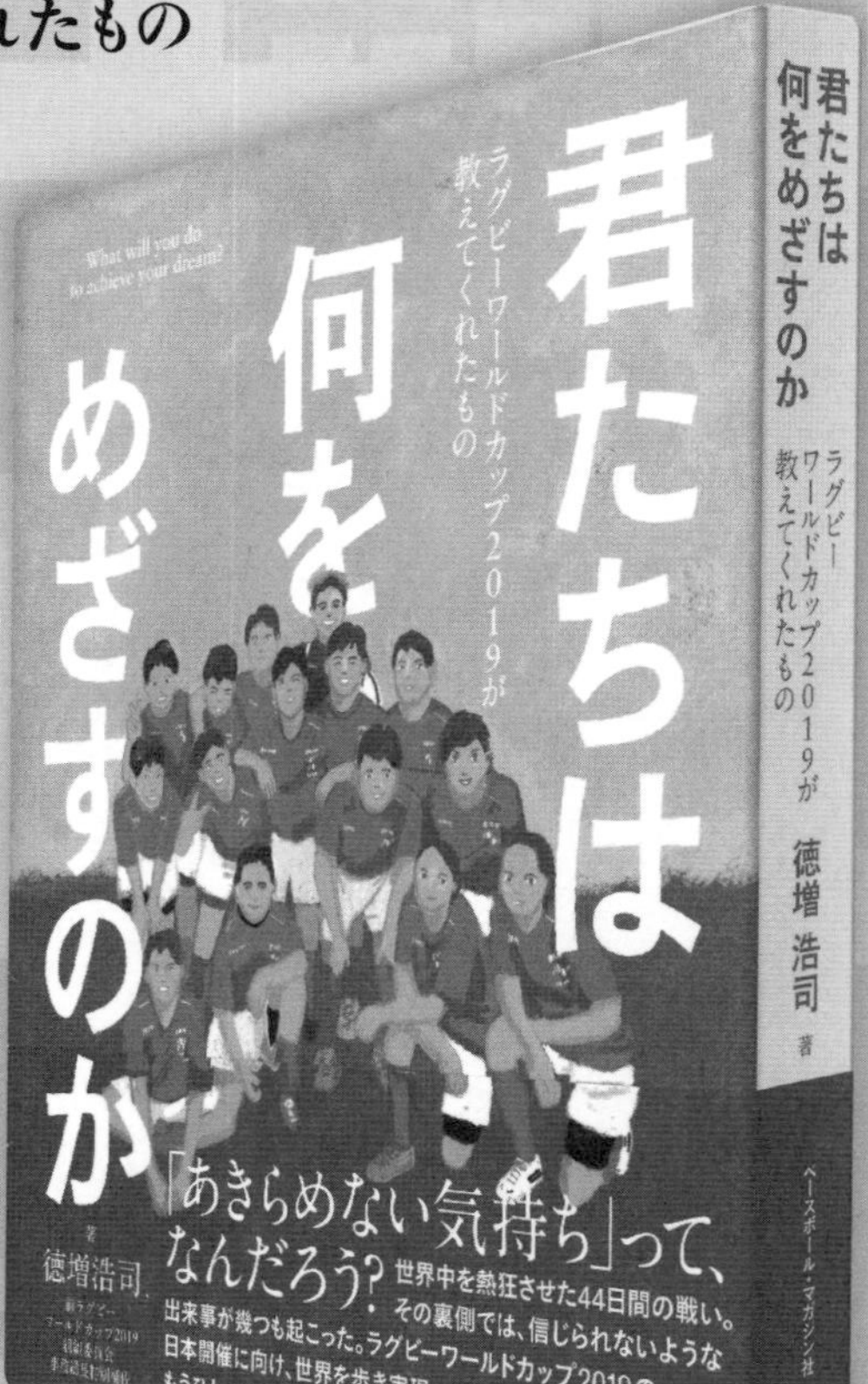

著／徳増浩司
刊行／ベースボール・マガジン社
価格／1700円＋税

著者は2019年秋、日本に迎えた「ラグビーワールドカップ2019」の招致事務局長を務めた人である。大成功といっていいこの大会の成果をつづった本だからといって、ありがちな「成功譚《たん》」ではなく、まして「自慢話」でもない。

メインにすえられているのは、この大会の裏側で若者たちに起きたサプライズの物語である。

登場する小学生から高校生までに注がれるラガーマンたちの豊かな愛情に包まれた、いくつものエピソードでは、共通して「あきらめない気持ち」でのサポートが描かれる。まさかの出来事が逆転していく展開は、周囲で心を尽くした人々が損得抜きだったからこそ読む者の心を温め、涙さえ誘ってみせる。

底流には著者の、次代を担う若者たちへの熱い視線と期待がしみだすように流れる。

ラグビーワールドカップ招致成功にいたる、16年にわたる著者の苦労と喜びは最終章にまとめられている。しかし、時系列に並べられた一連の「検証」は、過去を振り返るものではなく、未来に向け、つまり次回の招致へのエピローグとなっていることに、やがて読者は気づくだろう。

そして、冒頭に登場した「若者たちの世代こそがエピローグの次につながる新たな第1章をつづってくれるだろう」との願いと希望のメッセージにもなっている。

だからだろう。その最終章には、若いときに果敢に飛び込んでいったウェールズで、著者自身が経験したカルチャーショックが描かれ、失敗談も含めて挑戦の半生が披瀝《ひれき》される。

今回のワールドカップ招致も一度は失敗する。しかし、「あきらめない気持ち」を奮い立たせて再度立ち上がり、失敗を活かし成功を手にした経緯がある。

もちろん、この本はラグビーを愛する若者たちだけに贈られたメッセージではなく、これからなにかを成し遂げようとする君たちに向けられた応援歌でもある。

サクセス映画館

思いあう「きょうだい」たち

アナと雪の女王

姉妹の愛を描いた感動ファンタジー

2013年／アメリカ
監督：クリス・バック、ジェニファー・リー

「アナと雪の女王」
ディズニープラスで配信中

Blu-ray、DVDも発売中

王国の仲良し姉妹、エルサとアナのきずなを描いた、ファンタジーアニメーション映画です。劇中歌「Let It Go」と合わせて、世界中で大ヒットを記録しました。

あるハプニングから、それまで隠してきた雪や氷を操る魔力が制御できなくなってしまい、人々から恐れられるようになった姉のエルサは、雪山に逃げ込み、1人で生きる決心をします。そんなエルサを慕うアナは、また姉妹で暮らしたいとエルサを追って雪山へ。はたしてアナはエルサを、雪に覆われてしまった王国を、救うことができるのでしょうか。危険を冒しても相手を守りたいと思う姉妹の愛に思わずホロリ。壮大な雪山の映像も必見です。

未来のミライ

幼い兄の不思議な冒険

2018年／日本
監督：細田守

「未来のミライ」
DVD発売中
3,800円＋税
発売元：バップ

Blu-ray（4,800円＋税）も発売中

弟や妹が生まれて嬉しいけど、ちょっぴり寂しい。この気持ち、みなさんのなかにも感じたことがある人がいるかもしれません。4歳の男の子・くんちゃんも、そんな複雑な感情を抱いている1人です。

両親が生まれたばかりの妹につきっきりなことに対してやきもちをやき、次第にわがままに振る舞うようになるくんちゃん。そんなくんちゃんの元に現れたのが「未来から来た」という妹のミライちゃん。彼女に導かれて体験する「時を超えた冒険」を経て家族の歴史を知ると、妹に対する気持ちも変化してきて……。不思議な体験を通して少しずつ成長するくんちゃんの冒険がどんな結末を迎えるのか、ぜひご覧ください。

小野寺の弟・小野寺の姉

不器用な姉弟の心温まる物語

2014年／日本
監督：西田征史

「小野寺の弟・小野寺の姉」
DVD発売中
3,800円+税
発売・販売元：ポニーキャニオン

Blu-ray（4,700円＋税）も発売中

早くに両親を失い、長い間ともに支えあいながら暮らしてきた小野寺姉弟。姉は弟の幸せを、弟は姉の幸せを願う優しい姉弟が織りなす心温まるコメディ映画がこちら。

メガネ店勤務の姉・より子、調香師の弟・進は、それぞれ恋心を寄せる人がいます。互いに自分の恋が成就すること以上に相手の恋を応援するのですが、相手を思うあまり、喧嘩をすることや、まるで自分のことのように悲しみ、傷つくことも。そんな2人の不器用な優しさに、切なくも温かい気持ちなります。2人が暮らす家、より子が作る食卓のごはんなど、生活シーンの随所にもぬくもりが感じられる、寒い季節にぴったりの映画です。

10月号の答えと解説

解答　ウ，カ

解説

８組の対義語のペアを作ると、次のようになります。

①　top（頂上）⇔ bottom（底）
②　ceiling（天井）⇔ floor（床）
③　angel（天使）⇔ devil（悪魔）
④　hard（硬い）⇔ soft（柔らかい）
⑤　open（開く）⇔ close（閉める）
⑥　winter（冬）⇔ summer（夏）
⑦　teacher（先生）⇔ student（生徒）
⑧　light（明るい）⇔ dark（暗い）

問題のアミダでは、①のtopがsummerに、⑥のwinterがbottomにつながっていますから、この２つの線が交差する直前の縦線「ウ」をつけ加えれば、正しく結ばれることになります。また、⑦のteacherがdarkに、⑧のlightがstudentにつながっていますから、この２つの線が交差する直後の縦線「カ」をつけ加えれば、正しく結ばれることになります。

今月のプレゼント！

ちぎって隠せる機能的な学習用ふせん

ついに受験シーズンに突入し、最終チェックとして暗記に力を入れている方も多いと思います。ヤマトの「**Chigiru 暗記用**」は、まさにそんな受験生にぴったりの商品です。

シート状のふせんには５㎜方眼でミシン目が入っており、好きなサイズにちぎってノートや教科書に貼ることができます。ふせんを貼った場所の文字は赤シートを重ねると隠れるので、暗記に最適。覚えたところからふせんをはがせば、ノートをきれいに残すことも可能です。青いふせんは赤シートで、ピンクのふせんは緑シートでそれぞれ隠れます。

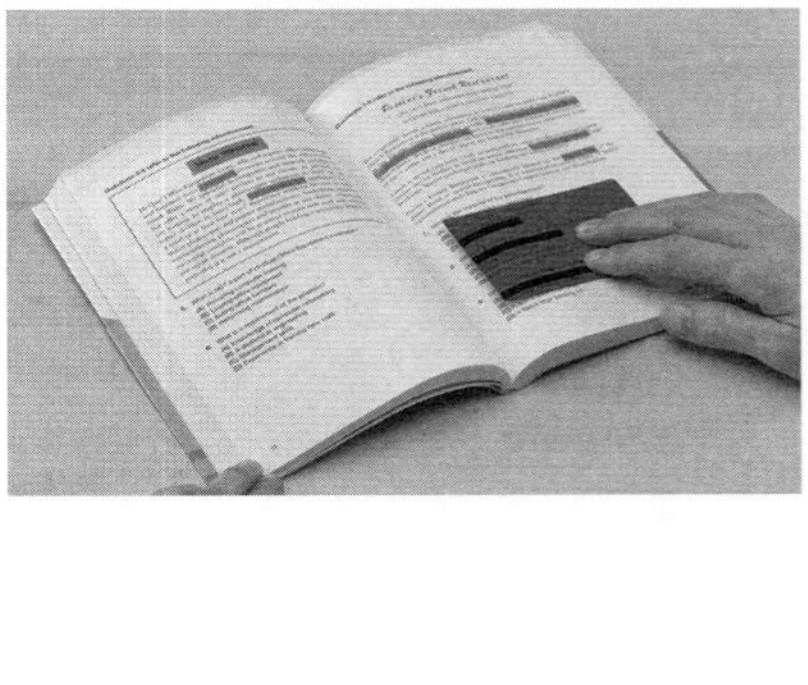

2020年に新しく発売された、ふせんの専用ケースに合わせたポケットサイズの赤シートつきセットを５名さまにプレゼントします。

解いてすっきり

パズルでひといき

今月号の問題

熟語パズル

「安心感」や「存在感」などのように、「○○感」という三字熟語を集めました。それぞれのヒントを参考に、リストの漢字を○に当てはめて16個の「○○感」を完成させましょう。最後に、リストに残った４つの漢字でできる四字熟語を答えてください。

① ○○感 （曲がったことが嫌い。正しいと思うことを貫く）
② ○○感 （ちくはぐで、しっくりしない感じ）
③ ○○感 （いまのままでは危ないという緊張や不安）
④ ○○感 （こわい！）
⑤ ○○感 （罪を犯した、悪いことをしたと思う気持ち）
⑥ ○○感 （１人ぼっちはいやだ！）
⑦ ○○感 （自分が他人より優れていると思う）
⑧ ○○感 （自分が他人より劣っていると思う）
⑨ ○○感 （目的を遂げる前に中途で失敗して、気力をなくす）
⑩ ○○感 （目的に向かって、みんなが力を合わせているときに感じる）
⑪ ○○感 （テストが終わったときなど、束縛から解かれて晴れ晴れする感じ）
⑫ ○○感 （だるくてなにをする気にもなれない）
⑬ ○○感 （自分に課せられた任務を果たそうとする強い心）
⑭ ○○感 （近くのものは大きく、遠くのものは小さく見える）
⑮ ○○感 （実際自分がその場にいるかのよう）
⑯ ○○感 （なにかを成し遂げたときの喜び）

【リスト】

悪	違	越	遠	応	解	危	機	機
義	恐	近	倦	孤	挫	罪	使	場
成	正	折	帯	怠	達	等	独	怖
変	放	命	優	臨	臨	劣	連	和

応募方法

下のQRコードまたは104ページからご応募ください。

◎正解者のなかから抽選で５名の方に右の「Chigiru暗記用」をプレゼントいたします。

◎当選者の発表は本誌2021年６月号誌上の予定です。

◎応募締切日 2021年２月15日

10月号パズル当選者（全応募者29名）

海老根 佳さん（中１・東京都）
翁 才偉さん（中２・東京都）
岡田 涼香さん（中２・神奈川県）
梶原 諒介さん（中１・東京都）
澤崎 舜哉さん（中３・神奈川県）
野口 桃花さん（小６・埼玉県）
野本 惺輝さん（中１・東京都）
伏見 眞衣さん（中１・神奈川県）
松島 亜珠さん（中２・千葉県）
松野 日香さん（中３・東京都）

読者が作る おたよりの森

テーマ

勉強のコツ【社会】

同じ問題集を**3回解く！** 塾の先生にすすめられてやってみたら、テストの点数が安定してきました。
（中２・よっちゃんたこさん）

年表を作ると歴史の流れがわかって覚えやすいです。私は年表に語呂合わせも書き込んでいます。
（中１・茶々丸さん）

ニュースを見る習慣をつけたら、時事問題に強くなりました！
（中２・T.M.さん）

単語カードを作って、ちょっとでも時間ができたら見ること。電車のなかとか、寝る前とか、最近はお風呂のなかでも見ています！
（中３・ゆっけさん）

地理が苦手でなかなか世界地図を覚えられなかったので、部屋に**大きい世界地図を貼って**いつでも見られるようにしてみたら、自然と覚えられました！
（中１・はい、地一図さん）

歴史はノートをとるときに、**人物名を赤ペン**で、平安時代などの**時代名を青ペン**で書くと読み返したときにわかりやすいよ。
（中３・ミィさん）

テーマ

最近できるようになったこと

くだらないですけど、**ピーマンが食べられるように**なりました。いまは肉詰めにハマっています。
（中２・パーマンさん）

ペン回し。席替えで隣になった子がすごく上手で、教わりながら練習していたらできるようになった。
（中１・O.M.さん）

寝る前にストレッチをして、翌朝目が覚めたらうがいをするようにしてから、**早寝早起き**できるようになりました。
（中３・おじいちゃんといっしょにストレッチさん）

早口言葉。滑舌がイマイチだったんですけど、練習していたら言えるようになったんです！
（中１・隣の客はよく柿食うさん）

気軽に出かけられなくなった分、家で身体を動かそうと毎日コツコツと筋トレをやっていたら、**腹筋100回**くらいなら簡単にできるようになりました！
（中２・早川きんにくんさん）

テーマ

2021年の抱負

朝学習をする。2021年は早起きをして朝少し勉強するぞ！
（中２・たーぼさん）

2020年は本を50冊以上読んだので、2021年は**100冊読む！**
（中１・罪と罰ってかっこいいさん）

コロナのせいで思うように活動できないけど、悔いのないように**部活動をやりきる！**
（中２・バレー部大好き★さん）

英単語の小テストをまじめにやる。毎週、「来週から頑張ろう」と思っていたので、2021年からは…。
（中１・いっちゃんさん）

365日、日記をつけること。2020年は300日くらい書きました。
（中２・三百日坊主さん）

お菓子作りがうまくなりたい！ 自粛中、たくさん作ってたくさん失敗して、そのたびお父さんに食べさせていたので。
（中１・焦げ焦げさん）

必須記入事項

名前／ペンネーム／学年／郵便番号／住所／本誌をお読みになっての感想／投稿テーマ／投稿内容

右のQRコードからケータイ・スマホでどしどしお寄せください！
住所・氏名は正しく記入してください

Present!! 掲載された方には抽選で３名に**図書カード**をお届けします！
（500円相当）

募集中のテーマ

春といえば？
自分を元気にする言葉
勉強のコツ【理科】

応募〆切2021年2月15日

ここから応募してね！

ケータイ・スマホから
上のQRコードを
読み取って応募してください。

掲載にあたり一部文章を整理することもございます。個人情報については、図書カードのお届けにのみ使用し、その他の目的では使用いたしません。

夢が広がる高校選びの情報満載！
Success15
2月号

表紙：早稲田実業学校高等部

FROM EDITORS 編集室から

今回の特集２では、見ているだけでも楽しい様々なロボットを紹介しています。こうしたロボットが活躍する未来がやってくると思うとワクワクしてきませんか？　また、「研究室にズームイン」に登場する川上先生による鳥類学のお話も非常に興味深いものとなっているので、ぜひみなさんに読んでもらいたいです。川上先生の著作もおもしろいのでおすすめですよ。

そして、特集１では「入試直前アドバイス」をお届けしています。こうした情勢のなかで入試に向かうみなさんは、心配や不安が尽きないと思いますが、少しでもこのアドバイスが役に立つと嬉しいです。編集部一同、みなさんの桜が咲くことを祈っています。（T）

Next Issue　4月号

Special 1

中学校の学びが変わる この春から「新学習指導要領」全面実施

Special 2

宇宙の研究だけじゃない！ JAXA・航空技術開発のすごさとは

Special School Selection

公立高校WATCHING

突撃スクールレポート

研究室にズームイン

※特集内容および掲載校は変更されることがあります。

Information

『サクセス15』は全国の書店にてお買い求めいただけますが、万が一、書店店頭に見当たらない場合は、書店にてご注文いただくか、弊社販売部、もしくはホームページ（104ページ下記参照）よりご注文ください。送料弊社負担にてお送りします。定期購読をご希望いただく場合も、上記と同様の方法でご連絡ください。

Opinion, Impression & ETC

本誌をお読みになられてのご感想・ご意見・ご提言などがありましたら、104ページ下記のあて先より、ぜひ当編集室までお声をお寄せください。また、「こんな記事が読みたい」というご要望や、「こういうときはどうしたらいいの」といったご質問などもお待ちしております。今後の参考にさせていただきますので、よろしくお願いいたします。

サクセス編集室 お問い合わせ先

TEL：03-5939-7928　FAX：03-3253-5945

今後の発行予定

3月15日	8月16日
4月号	夏・増刊号
5月17日	9月15日
6月号	10月号
7月15日	10月15日
8月号	秋・増刊号

FAX送信用紙

※封書での郵送時にもコピーしてご使用ください。

101ページ「熟語パズル」の答え

氏名

学年

住所（〒　　　－　　　）

電話番号

（　　　　）

現在、塾に

通っている　・　通っていない

通っている場合

塾名

（校舎名　　　　）

面白かった記事には○を、つまらなかった記事には×をそれぞれ３つずつ（　）内にご記入ください。

（　）02 もうすぐ本番 戦術あり!?　入試直前アドバイス
（　）06 入試直前期の「心の持ちよう」を考える
（　）10 Special School Selection 早稲田実業学校高等部
（　）17 なにができる？　どこまでできる？ ロボット技術の現在と未来
（　）24 私立高校WATCHING 巣鴨高等学校
（　）28 公立高校WATCHING 千葉県立船橋高等学校
（　）32 受験生のための明日へのトビラ
（　）34 突撃スクールレポート 朋優学院高等学校
（　）36 スクペディア 八王子学園八王子高等学校
（　）37 スクペディア 武蔵野高等学校
（　）38 スクペディア 鎌倉学園高等学校
（　）39 スクペディア 東京都市大学等々力高等学校
（　）40 Grow up　伸びてる都立
（　）47 コロナ禍の情報不足から 安全志向さらに強まる入試 首都圏私立高校入試展望2021
（　）51 コロナ禍の影響から 直前まで落ち着かぬ入試に 首都圏公立高校入試展望2021
（　）56 高校受験質問箱
（　）58 レッツトライ！　入試問題
（　）61 中学生の未来のために！ 大学入試ここがポイント
（　）62 東大入試突破への現代文の習慣
（　）66 大学受験 基本のキ　番外編
（　）68 こちら東大はろくま情報局
（　）70 キャンパスデイズ十人十色
（　）72 研究室にズームイン 森林総合研究所　川上和人先生
（　）81 ちょっと得する 読むサプリメント
（　）82 マナビー先生の最先端科学ナビ
（　）84 なぜなに科学実験室
（　）88 中学生のための経済学
（　）89 ピックアップニュース！
（　）90 名字の豆知識
（　）92 ミステリーハンターQの タイムスリップ歴史塾
（　）93 サクセス印のなるほどコラム
（　）94 数学ランドへようこそ
（　）98 Success Book Review
（　）99 サクセス映画館
（　）100 解いてすっきり パズルでひといき
（　）102 読者が作る　おたよりの森

FAX.03-3253-5945 FAX番号をお間違えのないようお確かめください

サクセス15の感想

高校受験ガイドブック2021 ② Success15

発　行：2021年1月15日 初版第一刷発行
発行所：株式会社グローバル教育出版　〒101-0047 東京都千代田区内神田2-5-2 信交会ビル3F
ＴＥＬ：03-3253-5944
ＦＡＸ：03-3253-5945
Ｈ　Ｐ：http://success.waseda-ac.net/
e-mail：success15@g-ap.com

郵便振替口座番号：00130-3-779535
編　　集：サクセス編集室
編集協力：株式会社 早稲田アカデミー

【個人情報利用目的】ご記入いただいた個人情報は、プレゼントの発送およびアンケート調査の結果集計に利用させていただきます。